寻味

湖南

亢德玲　著

北京出版集团公司
北京出版社

图书在版编目（CIP）数据

寻味湖南 / 亢德玲著. — 北京 ： 北京出版社，
2019.9
ISBN 978-7-200-15083-4

Ⅰ . ①寻⋯ Ⅱ . ①亢⋯ Ⅲ . ①旅游指南 — 湖南②饮食
— 文化—湖南 Ⅳ . ①K928.964 ② TS971.202.64

中国版本图书馆 CIP 数据核字 (2019) 第 157842 号

寻味湖南
XUNWEI HUNAN

亢德玲　著

*

北 京 出 版 集 团 公 司
北　京　出　版　社　出版

（北京北三环中路 6 号）
邮政编码：100120

网　　　址：www.bph.com.cn
北 京 出 版 集 团 公 司 总 发 行
新 华 书 店 经 销
三河市嘉科万达彩色印刷有限公司印刷

*

880 毫米 ×1230 毫米　32 开本　16 印张　196 千字
2019 年 9 月第 1 版　2019 年 9 月第 1 次印刷
ISBN 978-7-200-15083-4
定价：49.80 元
如有印装质量问题，由本社负责调换
质量监督电话：010-58572393

湖南简称"湘"，自古就有"惟楚有材，于斯为盛"的说法。从革命先驱到文学家，湖南人才辈出。湖南的饮食文化也在中国这片土地上越开越艳。口味虾麻辣火爆，油炸臭豆腐闻起来臭吃起来香，韶山火焙鱼名扬四海，毛家红烧肉肥而不腻，七甲腊肉色香味美，芙蓉鲫鱼入口即溶……诸如此类的美食，很多很多。

　　湖南人爱吃辣，辣又分酸辣、麻辣、咸辣、胙辣、油辣、鲜辣。除了辣，湖南人吃酸也是一把好手。剁椒鱼头营养美味，酸辣椒炒肉让人口水直流，苗家酸肉、酸鱼令人闻之生津。

　　我小时候最大的梦想就是看遍天下美景，尝遍天下美味。于是，我们唱着欢快的歌，坐上了开往湖南的列车。

　　双脚踏上湖南这片土地，我们去吃株洲最有名的冰糖湘莲、衡阳最美味的荷叶包饭、常德闻名已久的杨板千张、娄底浓香鲜辣的梅山三合汤……

　　走遍湖南的大街小巷，让酸甜苦辣咸香鲜的美味穿肠而过，形形色色的菜唇齿留香。细细咀嚼，慢慢品味，愿舌尖生津的寻味，带给你同我们一样的回味与感动。

【湖南印象】

　　湖南国家级历史文化名城有长沙、岳阳、凤凰、永州，国家 AAAAA 级景区有武陵源风景名胜区、南岳衡山旅游区、岳麓山风景名胜区、岳阳楼洞庭湖—君山岛风景区、韶山风景名胜区等。

【地理】

　　湖南位于我国东南腹地，长江中游，是连接东部沿海省与西部内陆省的桥梁地带。全省土地面积 21.18 万平方千米。因大部分地区在洞庭湖之南，故名"湖南"。又因省内最大河流湘江贯穿全境，而简称"湘"。湖南东临江西，西接重庆、贵州，南毗广东、广西，北与湖北相连。

【气候】

　　湖南为大陆性中亚热带季风湿润气候，冬季寒冷，夏季酷热，春温多变，秋温陡降，春夏多雨，秋冬干旱。年平均气温为 16~19 摄氏度，最佳旅游季节为秋季。

【历史】

　　湖南在夏商和西周时期属九州之荆州南境，春秋战

国时属楚国；两汉时期属荆州刺史辖区；三国时期为蜀汉和东吴的角逐之地；唐朝时设湖南观察使，为湖南建置之名始；明朝时设湖广承宣布政使司；清朝分湖广省置湖南省，省名沿用至今。

【民族与宗教】

湖南是一个多民族省份，有汉族、土家族、苗族、侗族、白族、回族等，少数民族人口约占湖南省总人口的 10%。湖南的宗教有道教、佛教、基督教、伊斯兰教、天主教等。

【文化与艺术】

"湖南作家群"在中国文坛长盛不衰，有沈从文、周扬、丁玲、周立波等一大批知名作家。湖南现在有地方戏曲 19 种，艺术表演团体近百个，其中最有影响的是花鼓戏。

【美食偏好】

在湖南，不分男女老幼，普遍嗜辣。湖南人爱吃辣椒与湖南的地理气候有关。湖南地理环境上古称"卑湿之地"，多雨潮湿，食用辣椒可以祛风除湿、发汗、健胃。

【武陵源风景名胜区】

　　武陵源风景名胜区集世界自然遗产、世界地质公园、国家 AAAAA 级景区等荣耀于一体。无论是在黄石寨览胜、金鞭溪探幽，还是在神堂湾历险、十里画廊拾趣，或是在西海观云、砂刀沟赏景，都令人有美不胜收的陶醉，发出如诗如画的赞叹。

【南岳衡山】

　　南岳衡山历史悠久，自然风光秀美。七十二群峰，层峦叠嶂，气势磅礴。岩壑渊深，寺院棋布，流泉飞瀑点缀着郁郁森林。祝融峰之高、藏经殿之秀、水帘洞之奇、方广寺之深堪称"衡山四绝"。

【凤凰古城】

　　凤凰古城倚山而筑，环以石墙，濒临沱江，群山环抱，河溪萦回，关隘雄奇，犹如一幅绝美的山水画。楼阁掩映于群峰流水之间，玲珑秀丽。

【韶山风景名胜区】

　　韶山风景名胜区是国家 AAAAA 级旅游景区，主要景点有毛泽东故居、毛泽东纪念馆、毛泽东诗词碑林等人文景观，还有充满神秘色彩的西方山洞、滴水洞、黑石寨、仙女山等自然景观。

【岳阳楼】

　　岳阳楼下临洞庭，前望君山，北倚长江，山、水、楼台相映成景。其气势之壮阔，构制之雄伟，堪称江南三大名楼之首。楼上盛载名联、名诗、名文，陈设着古今墨宝。

【岳麓山风景名胜区】

　　岳麓山峰峦叠翠，古木参天，林壑清幽，景色秀美。其四季风景宜人，春天满山葱绿，鲜花怒放；夏日清风习习，幽静凉爽；秋天枫叶流丹，层林尽染；隆冬玉树琼枝，银装素裹。

【天门山】

　　天门山海拔 1518.6 米，山势陡险峻拔，景色雄奇壮丽，被誉为"张家界之魂"，有"湘西第一山"之美誉，是国家 AAAAA 级旅游区。

【桃花源风景名胜区】

　　桃花源前临滔滔不绝的沅水，背倚绵延起伏的武陵群峰。景区内古树参天，修竹婷婷，花草芬芳，宛若仙境。有桃花溪、遇仙桥、秦人古洞、菊圃等70余处景点。

【九嶷山】

　　九嶷山山峰耸翠，巍峨壮丽，溶洞密布，绿水长流。九嶷山的水，晶莹剔透、富有灵气；九嶷山的群峰，山势逶迤，连绵十余里。山光水色，交相辉映，美妙绝伦。

【东江湖风景旅游区】

　　东江湖融山的隽秀、水的神韵于一体，被誉为"人间天上一湖水，万千景象在其中"，主要景观有雾漫小东江、东江大坝、龙景峡谷、兜率灵岩、东江漂流等。

【姊妹团子】

姊妹团子是长沙著名的小吃之一，有糖馅和肉馅两种，石榴形的包肉馅，蟠桃形的包糖馅，是老少皆宜的美食。

【剁椒鱼头】

剁椒鱼头是湖南以及湘赣交界地方的一道汉族传统名菜，鱼头的鲜和剁辣椒的辣融合在一起，风味独特。

【芙蓉三鲜火锅】

芙蓉三鲜火锅是湖南长沙地区汉族传统美食，已有一千多年的历史。火锅有两种，一种是铜锅，一种是放在小火炉上的砂锅。砂锅又叫暖炉，冬天吃起来暖意融融，感觉很温馨。

【攸县血鸭】

攸县血鸭色美味香，鲜嫩可口，是攸县典型的美味佳肴。鸭血香滑，鸭肉异常鲜嫩，无论下酒还是送饭都是上乘佳品。

【毛氏红烧肉】

毛氏红烧肉选用上等五花肉，切成大小匀称的块，用酱油加少量的糖烧制而成，色泽红润，咸中带甜，甜而不腻。

【翠竹粉蒸鱼】

　　翠竹粉蒸鱼，主要原料是鲴鱼，是湖南传统的汉族名菜。这道菜选用新鲜翠竹筒，装鱼后密封上笼蒸，口感特别清爽滑嫩。在湖南宴请宾客，一般都有这道菜。

【臭豆腐】

　　闻起来臭吃起来香，湖南臭豆腐早已成为湖南小吃的一张名片。正宗的湖南臭豆腐，吃一口便会深深地爱上它。吃湖南臭豆腐，特别过瘾，特别开胃。"一日不吃臭豆腐，三日不知肉滋味"，人们对臭豆腐的高度赞誉还真是到位。

【凉粉】

　　常宁凉粉晶莹剔透，加上醋、蒜泥、干辣椒粉等调料，味道特别好。炎炎夏日，来上一盘，吃得清凉惬意。

【酸萝卜】

　　湘西的酸萝卜别具特色，蘸着鲜红的辣椒汁吃，酸中有甜，甜中带香，再加上特制的辣椒汁的辣味，简直让人欲罢不能。

【芙蓉鲫鱼】

　　芙蓉鲫鱼肉质鲜嫩，入口即溶，老少皆宜，是湘菜的一大名菜，来湖南旅游的人一定要品尝一下这道菜。

长沙

看万山红遍，层林尽染

　　看万山红遍，层林尽染。人世间，唯有美食与爱不能辜负。不同的城市，不同的景色，不同的美食，举杯问盏间，不由得想起"色香味俱汉名肴，亦是潇湘菜系骄""如若对言凝问在，只缘楚地走一遭"的诗句来。

行住玩购样样通 >>>>>

行在长沙

如何到达

飞机

长沙黄花国际机场位于长沙县黄花镇，距离城区约 20 千米。

火车

长沙有两个火车站，长沙站和长沙南站。

汽车

长沙汽车客运站目前包括长沙汽车东站、长沙汽车南站、长沙汽车西站和长株潭汽车站。

市内交通

地铁

长沙目前有 1 号线和 2 号线两条轨道交通。

磁悬浮列车

长沙磁悬浮列车连接长沙南站与长沙黄花国际机场，线路全长约 19 千米，最高时速为 100 千米。

出租车

长沙出租车数量不多，上下班高峰拦车比较困难，建议电话预约。

住在长沙

湖湘驿岳国际青年旅舍

地址　长沙市岳麓区新民路 50 号麓山华侨村 1 号别墅
电话　0731-85368418
价格　39 元起

旅舍坐落在长沙风景名胜区岳麓山下，是一处带私家泳池的别墅建筑，周围众多景点及名人故居环绕，门前有多条公交线路经过。

维也纳酒店（长沙人民中路店）

地址　长沙市雨花区人民中路 32 号
电话　0731-88840888
价格　377 元起

酒店位于长沙市中心，房间干净简洁，欧式风格。酒店位置好，地处繁华地带，吃喝玩乐都很方便。

玩在长沙

橘子洲风景区

地址　长沙市岳麓区
门票　免费

　　橘子洲，西望岳麓山，东临长沙城，被誉为"中国第一洲"。春季，明光潋滟，沙鸥点点；夏日，鹰击长空，百帆竞过；秋季，柚黄橘红，清香一片；深冬，凌寒剪冰，江风戏雪。

岳麓山

地址　长沙市岳麓区
门票　免费

　　岳麓山为国家 AAAAA 级旅游景区，包括麓山景区、天马山景区、橘子洲景区、桃花岭景区、石佳岭景区、寨子岭景区、后湖景区、咸嘉湖景区等八大景区。

购在长沙

湘粉

店名　世明批发部
地址　长沙市天心区暮云镇南托岭南湖大道 5 号
电话　0731-86902689
价格　15 元 /260 克（一袋）

　　湘粉又称南粉，以优质蚕豆、绿豆、豌豆等为原料，精细加工而成。湘粉柔软爽滑，洁白细长，在汤水中轻柔起伏如龙须，所以也被称为"龙须粉丝"或"银丝细粉"。

高桥银峰

店名　芙蓉超市
地址　长沙市芙蓉区中山路 181-221 号
电话　13077915173
价格　45 元 / 包

　　高桥银峰产于长沙市东郊玉皇峰下，是一种特种炒青绿茶，形美、汤清、味醇。冲泡后，茶色晶莹剔透，香味沁人心脾。

浏阳豆豉

店名　万家丽国际购物广场
地址　长沙市芙蓉区万家丽路 99 号
电话　0731-84111811
价格　10 元 / 包

　　浏阳豆豉是浏阳县的地方特产，用泥豆和黑豆为原料，精细加工而成，是烹饪菜肴的调味佳品。

开启长沙美食之旅 >>>>>

罗记臭豆腐（坡子街店）

地址　长沙市天心区坡子街 115
　　　号上味舫大厦 106 号商铺
电话　13787246728

油炸臭豆腐

外焦里嫩味道好

　　我和文兄一起去长沙出差。从火车上下来，天已经黑了。灯火通明的街道，空气中弥漫着烧烤煎炸的浓烈香味，勾起饥肠辘辘的我们的食欲。

　　安顿好住宿，文兄带我去坡子街罗记臭豆腐店。我们在靠窗的一张餐桌旁坐下。一杯茶水喝到一半，文兄点的三菜一汤被摆到桌上。三菜一汤中，有一道菜是臭豆腐，只见若干块油炸臭豆腐透着诱人的香味，红辣椒、蒜末与香菜加以点缀，让人忍不住猛咽口水。我夹起一块臭豆腐，一边嚷嚷太臭一边把臭豆腐塞进嘴巴，只觉外焦里嫩，鲜香辣味一起冲撞味蕾，真的是堪称一绝。文兄告诉我臭豆腐是长沙的特色菜，闻着臭吃着香，他每次来点一份都会吃得精光。

　　一顿饭吃完，一盘臭豆腐也被吃得精光，但我却意犹未尽，买单的时候又让服务员打包了一份。服务员是本地人，她说长沙臭豆腐有两种，一种灰白的嫩豆腐，一种瓦灰色的臭豆腐干。不同的是臭豆腐干在油锅里炸的时间要久一些，要炸透，表面要炸出许多小泡泡，随着诱人的臭味弥漫在空气中，瓦灰色变成灰黑色，捞起来穿在竹扦上，刷一些调味酱，吃起来也很带劲。

　　臭豆腐的原材料是黄豆。选一些优质黄豆送去豆腐坊磨豆腐或者直接去集市上买一些新鲜豆腐回来，压榨成坯，将豆腐坯放在发酵水中浸泡。发酵水是用冬菇、冬笋头、曲酒、豆豉、青矾等原料配制而成的。浸泡的时间随着温度不同各有不同，夏天天热气温高，浸泡时间短一些，一般两三个小时即可；冬天天冷气温低，需要浸泡六至十个小时。

　　老家超市也卖臭豆腐，我买过几回，回来放在油锅里一炸，炸完后黑灰中透着些许金黄，趁热裹一身芥末老干妈塞进嘴巴，任旁人看了也要流口水。只是，自己加工的臭豆腐外皮总是有些硬，且配料也不如外面小摊上的齐全美味。

　　来到长沙，吃上了绝对正宗的长沙臭豆腐，我便深深地爱上了这个味道。长沙臭豆腐，闻着臭吃着香，特别过瘾，特别开胃，可谓"一日不吃臭豆腐，三日不知肉滋味"。

寻味湖南

杨裕兴（三王街店）

地址　长沙市天心区三王街
　　　三王丽都大厦一楼
电话　0731-82288192

湘宾春卷

外皮薄脆馅料足

　　文兄忙自己的事去了，我约长沙同学小艾一起去逛街。逛完街，已近正午，小艾邀请我去杨裕兴吃饭。

　　三王街的这家店规模不大，但格调雅致，窗明几净，让人感觉身心舒适。我和小艾找个位置坐下。没过多久，我们点的菜就上来了，有一个湘宾春卷看起来特别诱人。小艾说来长沙一定要品尝湘宾春卷，它是长沙的特色传统小吃。我两眼放光，夹起一个春卷，轻轻咬开一角，香脆绵软，鲜嫩多汁，真好吃。我一边品味，一边频频向小艾竖起大拇指。

　　春卷在我国有着悠久的历史。东晋时叫春盘，是把薄面饼摊在盘子里，加一些蔬菜食用。唐代叫五辛盘，盘中有5种辛荤的蔬菜，如小蒜、大蒜、韭、芸薹、胡荽等。后来，五辛盘又演变成春饼。随着烹饪技术的发展与提高，春饼又变成春卷。相传，清朝的蔡谦有一次受到皇上的刁难，要两手同时书写，妻子怕蔡谦饿着，便做好面皮裹好肉类、菜类，直接喂到蔡谦嘴巴里。由此可见，从古至今，春卷深受人们的喜爱。

做春卷最难的是摔水面团子烙春卷皮。春卷皮是将一定量的面粉用清水拌匀，揉搓成水面团，然后抓住水面团不停地摔动，在平锅里烙成一张张圆薄面皮。面皮量一般随人数而定。烙出来的面皮用湿布搭好，以防风干。如果是家里自己做春卷，春卷馅则可以根据自己的口味，荤素搭配。餐馆里的春卷大多是把肥肉、瘦肉切丝煸炒，加料酒、盐、味精、酱油，再加汤勾薄芡成馅，然后再切一些地菜、韭黄等拌匀。

包春卷时，把烙好的面皮一张张地摊平，每张放入15克肉馅，两端包折，卷成扁筒形，用稀面糊把两端的口封严实了，以防汤汁流出。然后油五成热时下锅，小火炸至两面微黄，即可食用。由于面皮较薄，注意勤翻动，小心炸煳。

在我看来，做春卷之难在于两点，一是摔面团，二是调肉馅。春卷味道如何，取决于这两道工序。

湘宾春卷吃得我油光满面。春卷之佼佼者当数湘宾春卷，其味道之美，只是想想就流口水。

农夫良品

地址	长沙市天心区蔡锷南路 26 号
电话	18973169161

芙蓉三鲜火锅

一场美食交响乐

和小艾逛了一天，累得人仰马翻，一夜好梦。第二天天一亮，小艾打电话约我去森林植物园，我叫了文兄一起。从森林植物园出来，已近正午，文兄的朋友请我们去农夫良品吃饭。

一大桌荤荤素素中，有一道芙蓉三鲜火锅特别养眼。一个小火炉，里面装上炭火，上面放着铁锅。锅里红色的火腿、黄亮的蛋卷、圆圆的肉丸、白色的鱼刃、青绿的生菜，像是在演奏一场美食交响乐。我夹起一个肉丸咬一口，细嫩鲜香；再夹一个蛋卷，蛋香夹着肉香，味道超好。

芙蓉三鲜火锅是湖南长沙地区的汉族传统美食，已有一千多年的历史。火锅有两种，一种是铜做的，一种是放在小火炉上的铁锅。铁锅又叫"暖锅"，冬天吃起来暖意融融，感觉很温馨。

芙蓉三鲜火锅是把火腿切成薄片；鸡蛋打散摊成蛋皮；鳗鱼去骨去皮剁成肉泥，加水、料酒、盐、姜末搅拌成糊状做成鱼刃，冷水下锅煮熟待用；五花肉切成末，加水、盐、葱、姜拌匀，一半做成肉丸，一半摊在蛋皮上做成蛋卷，放到蒸锅蒸熟。一切准备就绪，往火锅里加肉汤、盐、味精、白菜，大火烧开，汤面上放鱼丸、肉丸、蛋卷、生菜心、火腿片。

不一会儿，芙蓉三鲜火锅就被吃得底朝天。真是味道鲜美，别有一番风味。

吃过芙蓉三鲜火锅，才知道什么是美味。下锅的食材根据自己的喜好，可以做素锅，也可以做荤锅。关键是高汤和三鲜火锅底料，然后就是鳗鱼刃、肉丸、蛋卷，食材很重要，味道如何，涮一涮马上就知道了。

品尝过芙蓉三鲜火锅，我心中有一想法，准备材料，自己制作。我最喜欢的是蛋皮肉末卷做成的蛋卷，这个难不倒我。鳗鱼估计是没有的，大头鱼、草鱼肉剁成泥做成鱼丸，味道虽不如鳗鱼，但也是极其美味。五花肉、火腿肠超市就有。食材看起来准备得差不多可以吃起来了。学着做一锅芙蓉三鲜火锅，似乎也不是太困难的事情。

但最地道的当数长沙的芙蓉三鲜火锅，料鲜味美，吃起来无限暖意。

寻味湖南

老四方来饭店

地址　长沙市开福区雅雀园小区 A18 栋

电话　无

姊妹团子

宛若白玉小宝塔

姊妹团子做工精细、玲珑精致，是长沙著名的小吃之一，它以糯米、大米为原料，有糖馅与肉馅两种。糖馅采用冰糖或北流糖，桂花糖、红枣肉是必须有的。肉馅用五花肉加香菇，并用泡香菇的水调制。石榴形的包肉馅，蟠桃形的包糖馅。遇着喜庆的日子，团子上会撒些红丝线，十分赏心悦目。

关于姊妹团子，还流传着这样一个故事。据说 20 世纪 20 年代初，长沙火宫殿的圩场，有一对年轻貌美的姜氏姐妹摆了一个卖团子的摊子，专门制作甜、咸两种口味的团子。她们做的团子好看又好吃，令人称赞，姊妹团子也因此而得名。

做姊妹团子是一个精巧细致的活儿。服务员告诉我首先要将糯米、大米清洗干净，用清水浸泡，把米泡得松软白亮，用手一搓就能搓出米浆。然后，把米盛到筲箕里沥水，再加冷水磨出米浆。再将浆料灌入布袋里，挤干水分变成米粉。然后取一些米粉搓扁，搓成饼的形状，放到蒸笼里蒸 30 分钟，取出来加生粉揉匀。接着准备团子馅。做糖馅是把红枣洗净核挑出来，剁成枣泥，放在锅里蒸一个小时待用。然后，炒锅加熟猪油烧热，倒北流糖或者冰糖炒化，加枣泥、桂花糖，翻炒均匀，糖馅就准备好了。肉馅则是选上好的五花肉剁成肉蓉，香菇去蒂剁碎，加盐、味精一起倒入肉蓉中拌均匀，再加酱油、适量清水拌匀。糖馅、肉馅准备完毕，把和好的粉团搓成条，揪成一个个小剂子逐个搓圆，用手指在中间捏成窝子，接着放馅，然后捏拢收口。糖馅捏成蟠桃形，肉馅捏成石榴形，放到蒸笼里蒸 10 分钟即可。

　　朋友推荐说老四方来饭店的姊妹团子特别有名，于是我决定来店里品尝一下。我找个空位坐下，点了姊妹团子和几个招牌菜。不一会儿姊妹团子就端上桌了，只见它瓷白玲珑，有的形如石榴，有的形如蟠桃，让人眼前一亮。

　　我赶紧夹起一个石榴形状的团子轻轻一咬，糍糯柔软，肉嫩鲜香；又夹起一个蟠桃形状的团子轻轻一咬，甜蜜清香，甜而不腻。老四方来饭店的姊妹团子颜色瓷白，晶莹透亮，小巧玲珑，尤其石榴形的团子，宛如一座座白玉小宝塔，真是卖相十足。老四方来饭店的姊妹团子果真名不虚传。

景天大酒店

地址	长沙市芙蓉区荷花路 416 号
电话	0731-84725777

龙脂猪血

爽滑鲜嫩很美味

　　周末，文兄和朋友约好去橘子洲游玩，我也跟着一起去。从橘子洲下来，天空下起了细雨。雨虽不大，但走了一段路之后，头发衣服也都被淋湿了。然后在朋友的带领下，我们去了附近做龙脂猪血相当不错的景天大酒店。

　　一行人在酒店的餐厅坐着，菜陆续摆上餐桌，龙脂猪血也很快被服务员端了过来。一汤锅龙脂猪血冒着热气，文兄帮我盛了一碗，要我趁热喝下。我看着碗里漂浮的干辣椒末，还有扑面而来的一股辛辣的味道，有些犹豫，最终狠下心来猛喝一大口。谁料，一口下肚，余味无穷，香味悠长的骨头汤伴着一腔辛辣，肠胃瞬间暖融融的。

　　龙脂猪血是长沙传统小吃，俗称麻油猪血。光看汤料就已经很吊胃口，干辣椒末、冬排菜，再加上零星葱花、几滴麻油，出锅前再放少许胡椒粉，别提多美味了。别看配料简单，但辛辛辣辣、热气腾腾，正合长沙人的口味。配料说完，再说汤汁，龙脂猪血的汤汁必须是熬好的肉骨头鲜汤。纯纯的肉骨头鲜汤已经很美味，再加上香辣的配料，美味简直更上一层楼。猪血采用的是鲜猪血，把鲜猪血放在温热盐水里凝固，用刀划出豆腐块状，再切成薄片，下到汤锅里，一时之间，红红润润，细细嫩嫩，软似豆腐。

　　从前家里也养猪，每逢年关一定会杀猪。妈妈做猪血汤，就是把葱、蒜放在油锅里炸香，加水，水沸后下青菜粉条，再下猪血肉丝，最后加盐、味精、料酒、生抽等调料。一大锅猪血汤你一碗我一碗，一餐下来，全都喝得精光。很多人都会做猪血汤，但很少有人加肉骨头汤。但确实用肉骨头汤做的会更美味。

大夫第

| 地址 | 长沙市岳麓区爱民路100号 |
| 电话 | 0731-89912813 |

剁椒鱼头

情有独钟的美味

　　听说堂妹来长沙进修，我约她一起去世界之窗玩，玩完之后，我请她去大夫第吃饭。

　　走近大夫第，便被大夫第高悬的灯笼与青石砖墙所吸引。走进店里，更是绿树丛花错落有致，典雅大气，一派祥和。我和堂妹来到一间雅间，点了几个菜，其中一道菜是长沙很有名的剁椒鱼头。

　　剁椒鱼头一上桌，我和堂妹的胃口便被它满身红剁椒、点点绿油油的葱花的诱人模样给吊起来了。我和堂妹拿起筷子开动，只觉得鱼头糯软，肥而不腻，咸鲜中带着辣劲，风味独具一格，让人胃口大增，欲罢不能。

　　服务员告诉我们，剁椒鱼头用花鲢鱼头最好，当然草鱼头也可以。剁椒酱要提前做好，就是把红辣椒、姜、蒜剁碎，加盐、糖、豆豉拌匀，装在玻璃瓶子里密封一周。花鲢鱼头买回来洗净，用刀劈成两半，鱼头背部相连，然后加盐加醋，把鱼头放进水里泡几分钟再拿出来，在切面抹蚝油、盐、白糖、淀粉、料酒等。接着，在盘子底部同样配料，把鱼头反放在盘子里，上锅蒸20分钟取出，撒葱花，淋几滴热油，味道鲜美的剁椒鱼头就做好了。

剁椒鱼头是湖南的一道传统名菜，以鱼头的味鲜和剁椒的辣而深受湖南人的喜爱。大哥之前每隔半个月，就要在酒店举办一次家宴。若是时间有些久了，没有去酒店吃饭，大哥便会惦念。兄妹几个知道大哥爱热闹，也就隔三岔五轮流请客。大哥爱热闹，也爱剁椒鱼头。每次家宴，大伙点菜，都不会少了大哥最爱的剁椒鱼头。

而我，也喜欢吃鱼头。每次吃鱼头，我都会把一个漂亮又完整的鱼头吃得一干二净，我尤其爱吸鱼脑髓。乳白而又浓稠的鱼脑髓，味道特别好。想不起什么时候开始喜欢吃鱼头的，也许是小时候家里穷，妈妈把鱼做好后连鱼头也不舍得自己吃，就骗我说爱吃鱼头的人聪明，我想变聪明一点，自然也就爱上了鱼头。

剁椒鱼头营养美味，鱼头含有丰富的不饱和脂肪酸，有助于血液循环。另外，鱼头还含有丰富的硒元素，抗衰老养颜不说，还开胃助消化。剁椒具有增强肠胃蠕动的功效。

大夫第的剁椒鱼头味道醇香，吃过的人无不对这道菜赞赏有加。

长沙口味虾（南门口店）
地址　长沙市天心区劳动西路解放四村 173 号
电话　18570345235

口味虾
一不小心爱上它

阳光晴好，我换上休闲轻便的服装，和堂妹一起去岳麓山游玩。

玩了一天，我和堂妹饿得不行，赶紧找家饭馆吃饭，最后决定去吃色泽红亮鲜辣的长沙口味虾。

长沙口味虾又名麻辣小龙虾、香辣小龙虾，在长沙这是一道家常菜。主要食材是小龙虾，配辣椒、花椒及香辛料制成。夏夜从大排档经过，总是会看到大排档里人满为患，基本每张餐桌上都有一道口味虾。口味虾的独到之处在于它无与伦比的辣。戴上一次性手套，拿一只小龙虾，捏住虾尾，轻轻一转，虾头和虾尾自然分离。虾黄是最美味的地方，在虾头那个部位，轻轻一口咬下去，舒爽美味。虾尾壳剥下来，除去步足，把虾腹节捏软，剥去腹节上半部，虾线抽出来，然后美地把剥出来的肉送进嘴巴，那个细嫩麻辣火爆劲，想想都让人流口水。长沙的夏夜，吃口味虾成了一道不可或缺的风景线。

口味虾，长沙人喜欢叫它小龙虾，其实就是湖区里生长的一种虾，有双钳，壳硬，没有天敌，喜欢在大堤下面打洞，生长速度非常快。

只是做口味虾的时候要注意，虾体内有较多的淤泥。做虾前，要把虾放在加了少许盐的清水里静养几天，其间多换几次水，让虾把身体里的淤泥吐尽。然后把虾清洗干净，特别是头部与身体的连接处，然后在虾的尾部划开一道口子扯掉虾线。虾清洗干净了，锅里下油烧热，虾过油，待虾周身变红，捞起来备用。然后炒香蒜、姜、葱，放虾、八角、桂皮，大火烹煮。水沸腾三分钟放干红辣椒、盐、酱油、醋等，焖一会儿，再加料酒和水，接着焖烧，待水熬成浓汁，起锅。

长沙人爱吃口味虾，只能用"疯狂"两个字来形容。相对于酒楼食府而言，吃口味虾的店面环境不是很好，有的甚至就在马路边，但长沙的老少爷们帅哥美女几乎没有人能抵挡口味虾的诱惑。

吃口味虾，喝啤酒，再惬意不过了，长沙人乐此不疲。

寻味湖南

凯记外婆树（岳华路店）

地址　长沙市岳麓区银双
　　　路—岳华路 152 号
电话　0731-84421717

糍糯香甜好味道

乾煎鸡油八宝饭

来长沙好多天了。我和文兄商量，今天去爱晚亭玩一天就打道回府。我马上联系小艾和堂妹，希望临走前大家能再聚一次。小艾表示没问题，堂妹说上午要考试，中午可以赶过来。我和小艾约好上午九点在爱晚亭见面。

爱晚亭位于长沙岳麓山下清风峡中，坐西向东，三面环山，亭前有池塘，桃柳成行，四周皆是枫林。

正午，我们从爱晚亭下来，堂妹打来电话让我们到她同事推荐的凯记外婆树吃饭。饭菜很快上来了，一大桌美味佳肴，令饿得心发慌眼发昏的我大饱口福。看着我狼吞虎咽的模样，堂妹笑而不语。甜品上来了，堂妹帮我夹了一块，我尝一口觉得味道不错，吃完自己又夹一块。堂妹告诉我这一道甜品的名字叫作乾煎鸡油八宝饭。

服务员告诉我们八宝饭原是湖南一道大众甜品，既可上筵席，又可当小吃。乾煎鸡油八宝饭旧时为长沙徐长兴烤鸭店独家生产，主要原料是糯米。将糯米淘洗干净用清水泡涨，冲净沥干，上笼大火蒸 40 分钟。红枣蒸熟，去皮去核。莲子、核桃仁、花生米泡发去皮，上笼蒸熟。乔饼去籽切小颗，冰糖小颗，葡萄干、桂圆肉用水泡发，红瓜、青梅切小颗。然后，把所有配料和糯米拌匀，加玫瑰糖、鸡油上笼蒸一小时出锅。把蒸好的糯米饭倒在油锅里煎炸，两面呈黄色饼状时，出锅放入盘中，撒樱桃、白糖加以点缀。

经徐长兴烤鸭店的老板改制的乾煎鸡油八宝饭，外焦脆，内柔软，糍糯香甜，红润透亮，一经推出，便大受欢迎。

听完服务员的介绍，我又仔细地观察了一下乾煎鸡油八宝饭，果真瓜果俱全，掰着手指数一数，糯米主料里竟然加了红枣、莲子、核桃仁、花生米、乔饼、葡萄干、桂圆、红瓜、青梅、玫瑰糖、樱桃等十几种配料。乾煎鸡油八宝饭真的是汇聚"奇珍异宝"的佳品。

吃乾煎鸡油八宝饭，来一场与美食的惊艳邂逅。

株洲·湘潭

十里荷塘百里香

　　槟榔果子水上漂，十里荷塘百里香。酒仙湖鱼肥肉鲜，韶山百鸟和鸣。绕过竹篱幽径，走进茅舍瓦屋，毛家红烧肉名不虚传。

行住玩购样样通 >>>>>

行在株洲·湘潭

如何到达

飞机

株洲没有机场，长沙黄花国际机场离株洲仅 40 千米，经长株高速公路 30 分钟可以到达。

湘潭没有机场，可从湘潭汽车站乘车先到长沙，再乘机场大巴到达长沙黄花国际机场。

火车

株洲火车站有株洲站、株洲西站和株洲北站。

湘潭火车站有湘潭站、湘潭东站、湘乡站和韶山站。

汽车

株洲汽车站有江南汽车站、长途汽车站、汽车南站和中心汽车站。

湘潭汽车站有长途汽车站和汽车西站。

市内交通

公交

株洲公交车市区线路票价统一为 1 元，郊区线路票价大多为 2~3 元。

湘潭空调公交车票价为 2 元，6:00—22:30 均有公交车。

出租车

株洲出租车起步价白天每 2 千米 7 元，夜间（22:00 至次日 5:00）每 2 千米 8 元。

湘潭出租车很多，路边打车很方便。

住在株洲·湘潭

金域半岛酒店

地址　株洲市荷塘区文化路金域小团圆 3 号楼
电话　0731-28581111
价格　238 元起

酒店地处株洲中心商务区广场，毗邻华润万家购物广场，火车站、长途汽车车站近在咫尺。酒店装修风格简约，有迷你吧、休闲娱乐室等。

金三角宾馆（河西店）

地址　湘潭市雨湖区韶山中路 53 号
电话　0731-52863333
价格　96 元起

宾馆位于湘潭市繁华商业中心，近心连心百货、湘潭长途汽车站，交通十分方便。24 小时热水供应，提供免费 Wi-Fi，免费停车服务。

玩在株洲·湘潭

方特欢乐世界

地址　株洲市云龙示范区华强路 1 号
门票　280 元

株洲方特欢乐世界是以科幻和动漫为最大特色的大型主题公园，由飞越极限、星际航班、恐龙危机、生命之光、海螺湾等十几个主题项目区组成，包括主题项目、游乐项目、休闲景观项目及配套服务共计 200 多项。

湘潭盘龙大观园

地址　湘潭市岳塘区芙蓉大道 195 号
门票　通票 248 元

湘潭盘龙大观园被誉为"珍稀植物的王国、野生动物的天堂、天人合一的绿洲、休闲游乐的佳园"。这里有奇花异草名树、迷人山水清泉，还有灿烂的历史文化。

购在株洲·湘潭

炎陵香菇

店名　王府井百货
地址　株洲市芦淞区新华西路 999 号
电话　0731-22618676
价格　148 元 / 斤

炎陵香菇肉厚味浓，营养丰富，经常食用可以预防肝硬化、高血压、冠心病等。

韶峰茶

店名　佳源超市
地址　湘潭市岳塘区电工路春满江南春华园 2 栋西向 2 号
电话　15173229292
价格　30 元 /30 克（一盒）

韶峰茶，外形条索紧圆，色彩翠绿，清香馥郁，汤色清澈。

开启株洲·湘潭美食之旅 >>>>>

迎君原味私菜馆（湘银小区店）

地址　株洲市天元区海创明珠路湘
　　　银小区 18 栋
电话　0731-28671333

白辣椒炒泥鳅

口味鲜美营养高

　　我打算去株洲见一位许久未见的老朋友，于是定了周日的车票，提前几小时来到株洲。从火车上下来，刚好午后，我就近在服装城逛逛，然后去了炎帝广场。在炎帝广场，我遇到了我的学生还有他的家长。两年前，因为他爸爸调到株洲工作，他和妈妈便随爸爸搬到株洲居住。茫茫人海，我们能够在株洲偶遇也是缘分。当天晚上，他们一家请我去迎君原味私菜馆吃饭。

　　迎君原味私菜馆是株洲比较好的湘菜馆，菜价不算便宜，味道却很地道。我们四个人点了五个菜，其中一个白辣椒炒泥鳅味道特别好。

　　白辣椒是湘菜的主要配料之一，在湖南家喻户晓。白辣椒是条状的，尖尖的，呈黄白色。它其实是把青杭椒洗干净放在开水中烫一下，等它全部变色捞起来放在太阳下面晒，晒的时候两面翻翻直至晒成白色。然后将晒好的白辣椒对半剪开，加盐搓软继续曝晒至七八成干放在坛子里，随吃随取。一般吃法是整条干煎，不喜欢吃辣的人若是一口吃下去，会辣得受不了。

　　至于泥鳅，一般买回家后不会一条条开膛破肚，只需要在干净的水里加些许麻油把泥鳅放进去养上几天，其间要不停地换水，因为泥鳅会不间断地吐出污秽物。等泥鳅把污秽物吐干净了，就把盆里的水控干，撒盐或者倒酒，把泥鳅处理好，然后再用盐搓洗黏液。

处理泥鳅的过程稍微有些麻烦，但食材准备好了，下锅基本就是速成。

把白辣椒和花椒放入清水中泡十分钟，也可以不泡直接把白辣椒切成段干炒，不过容易炒煳。然后锅里放油，烧到七成热，以中小火浸炸泥鳅，炸至脆酥捞出沥油。接着，锅里放油，放花椒、白辣椒、葱、姜、蒜末炒香，放泥鳅，加盐和白糖，翻炒均匀起锅。一盘好吃的白辣椒炒泥鳅就大功告成了。整个过程就是泥鳅吐污秽物需要耐心等待。不过，为了一顿胃口大开的美食，等待又有何妨。俗话说，心急吃不了热豆腐。

看吧，干辣椒油光发亮，酥脆的泥鳅让人食欲大增，赞不绝口。

泥鳅味道鲜美，蛋白质高脂肪低，能降脂降压，有利于人体抗血管衰老，适宜老年人及心血管病人食用。小时候，我常常和姐姐去水渠里逮泥鳅。虽然逮泥鳅逮得热火朝天，但却不会做。

我爱吃泥鳅，从前一直为去除泥味和腥味烦恼不堪。来到株洲，吃到白辣椒炒泥鳅，就像发现了"新大陆"，泥鳅的泥味和腥味厚重，白辣椒刚好可以去除。白辣椒炒泥鳅真是一道搭配绝美的菜肴。

九方大酒店

地址　株洲市石峰区迎宾路
　　　田心区小东门1号

电话　0731-28441111

脆嫩爽口色泽好

株洲什锦菜

　　来株洲，方特欢乐世界是一定要去的。方特欢乐世界位于株洲云龙示范区，以科幻和动漫为最大特色，可与当前世界上最先进的主题公园相媲美，被称为"东方梦幻乐园"。

　　从方特欢乐世界出来已到中午，朋友说带我到九方大酒店吃饭。简单地点了一些菜，两个人边吃边聊。诸多菜中，有一道株洲家喻户晓的什锦菜，味道特别好。

　　株洲什锦菜是湖南株洲汉族传统腌制品，是由各种蔬菜制成的咸菜配合而成，味美爽口。制作株洲什锦菜的原料有胡萝卜、大蒜头、青辣椒、菜瓜、姜、大头菜、藠头等，各种蔬菜腌制成半成品，要保持原有的色泽、香味、脆嫩，否则不能使用。然后把各种腌制成半成品的菜切成丝，混合在一起，经漂洗脱去部分盐分，上榨四个小时，榨出水分后扯散入缸，并将酱油、麻油、安息香、酸糖精等各种辅料拌匀加入缸内，密封保存。

　　什锦菜除了这些原料，还可以用鲜平菇、豇豆、芹菜、咸竹笋，做的时候需要把鲜平菇切成小丁，豇豆切碎，芹菜切成小段，咸竹笋放清水里泡两天切成小片。然后把这些切小切碎的原料放在上等酱油中浸泡三天，再加生姜、大蒜等混合拌匀，密封一个月。

　　什锦菜作为株洲家喻户晓的一道家常菜，临离开之前一定要买一些捎给老家的亲戚朋友。最正宗的什锦菜，酸酸脆脆，辣而鲜香，下饭下酒或者礼品馈赠，都是不二的选择。

晴溪庄园

地址　株洲市天元区西环路与泰山
　　　西路交口北行 400 米路西
电话　0731-22228877

冰糖湘莲

心清犹带小荷香

在株洲的同学知道我来株洲的消息，特意组织了一个同学聚会。大家彼此寒暄一阵，然后一起去株洲奥林匹克公园打羽毛球。

从奥林匹克公园出来，大家一起来到晴溪庄园。晴溪庄园是一座园林式酒店，格调细腻雅致，拥有 37 间风格不一的包间。我们在一间包间坐下，同学点菜。没多久，饭菜上来了，大家举杯欢庆重逢。一大桌色香味俱全的菜肴，我独爱那一碗冰糖湘莲。只见白莲浮于清汤之上，莲白盘绕，莲子粉糯。或许是打羽毛球打得渴了累了，一碗一下子喝了一大半，只觉神清气爽，清香怡人，甜润爽口。

冰糖湘莲是湖南的一道汉族名菜。西汉年间，湘莲又叫贡莲，主要产于洞庭湖一带。莲分红莲与白莲两种，白莲圆滚洁白，粉糯清香，位于全国之首。湘白莲不但风味独特，而且营养丰富。湘莲汤在明清以前，称作"粮莲心"，制作也比较简单，近代用冰糖制作，所以称"冰糖湘莲"。

同学家住株洲多年，对于冰糖湘莲的制作再熟悉不过。同学告诉我，制作冰糖湘莲，首先把莲子去皮去芯，放在碗里加温水上笼蒸软蒸烂；桂圆剥壳，然后在温水里泡软；鲜菠萝去皮切成小丁。这几样食材准备好了，锅里放水、冰糖，等冰糖全部溶化用筛子去掉糖渣，然后把罐头青豆、罐头樱桃、桂圆肉、菠萝加到冰糖水里，大火煮开。最后把蒸熟的莲子水滗干净，放进大汤碗里，把煮开的冰糖水及配料一起倒入汤碗，看莲子浮在清汤之上，宛如珍珠浮于水面。

一顿饭吃完，一碗冰糖湘莲喝得底朝天。我从来没有吃过这么美味的莲子汤。

老家也有莲子汤，但不以莲子为主要食材。老家的莲子汤莲子是点缀，主要食材是银耳。说白了，就是银耳汤里放一些莲子、红枣、冰糖。莲子从超市买回来，洗干净，放进银耳汤里煮，不用提前蒸。

超市里莲子卖得还挺贵，只是受限于饮食习惯与生活习惯，家人好像都不太爱吃干莲子，新鲜莲子比较受欢迎。炎炎盛夏，新鲜莲子上市，有人用小车子推着一车莲蓬守在集市路口，来来往往的人见了，都要买上一两斤。剥一粒吃一粒，清甜鲜嫩。

来株洲吃过冰糖湘莲，感觉美不胜收。等有机会一定要带家人也来尝尝。

酒埠江山湖湾农家乐

地址　株洲市攸县酒埠江镇东
塘村场上组 005 号

电话　13808452253

送饭下酒之美味

攸县血鸭

　　恰逢周末，攸县同学约我去酒埠江玩。

　　酒埠江位于攸县东部山区，风景区集山湖、溶洞、地热资源于一体，民俗文化浓厚，风景迷人。

　　我们去参观了地质博物馆、酒仙湖、红军兵工厂、陈毅元帅被捕纪念树……肚子饿得咕咕叫的时候，同学带我来到酒埠江山湖湾农家乐吃饭。

　　酒埠江山湖湾农家乐以绿色与水系为基调，老板娘为人质朴善良，她为我们做了一桌子可口的饭菜，其中一道流传已久的名菜攸县血鸭，让我们吃得大汗淋漓，赞不绝口。

　　老板娘告诉我们攸县血鸭不是一般的鸭，是攸县麻鸭。餐桌上的这一道攸县血鸭，就是她刚刚挑的一只最生猛鲜活的攸县麻鸭做成的。杀鸭时，把鸭血接在放了料酒的碗里，鸭毛去尽清洗干净切成小块。锅底放油，油烧热把青红椒爆香备用。然后，开始翻炒麻鸭块，麻鸭块切得越小越入味。鸭块翻炒干，看着完全没有水分，放油、生姜、蒜瓣、盐，加些许汤水把鸭肉烹熟，然后加鸭血快速翻炒，等鲜红的鸭血迅速变成褐色，加酱油、青红椒出锅。无论下酒还是下饭，都十分美味。

坦白地说，吃血鸭我还真是第一次，也是第一次听说血鸭这样的制作方法。我从来没想过还有用鸭血来淋着炒鸭的，来攸县真是大开眼界。

关于攸县血鸭，流传着这样一个故事。相传南宋景炎元年（1276年），丞相文天祥集师勤王，攸县数千壮士群起响应。文天祥从梅岭引兵出现在攸县，为激励士气，升帅旗饮血酒。当时没有鸡血，只好用鸭血代替。火头军里有一个厨师，名叫付德勤，见到文丞相有些紧张，炒菜慌里慌张的，炒鸭子时，他错把没有喝完的鸭血酒当成辣酱放进锅里，等到发现时已经晚了。他担心血酒倒进去影响口感，小心翼翼地翻炒。翻炒一会儿，锅里飘散出一股香味，他凑近锅前一看，菜呈糯糊状，成了紫红色。他拿筷子尝尝味，没想到比往常的味道更加鲜美。付大厨喜出望外，把菜端出去，文丞相尝后，赞不绝口。文丞相问付大厨这道菜的名字，付大厨回答了两个字——血鸭。从此，攸县血鸭名扬天下，世世代代流传。

吃攸县血鸭，喝冰啤酒。那感觉水火交融，痛快淋漓。从农家乐走出来，我最想做的事就是把老板娘的麻鸭买几只带上，可是，实在太不方便了。没办法，只能很遗憾地说再见！再见，攸县血鸭，我会永远记得这个味道。

株洲·湘潭

十里荷塘百里香

毛家饭店（韶山店）

地址　湘潭市韶山市毛泽东
　　　纪念园南门

电话　0731-55685350

火焙鱼

名扬四海鲜香爽

　　胖子是湖南韶山人，嫁给大辉哥来这里生活已有 10 年之久。她妈妈常常寄一些土特产过来，还会让胖子送我一份。胖子妈妈 60 岁生日快到了，胖子要回韶山一趟，我陪她一起回去。

　　寿宴在毛家饭店举行。毛家饭店的主打菜，大多是毛主席喜欢吃的。寿宴那天，高朋满座，满桌美味佳肴，令人目不暇接。我和胖子坐一桌。火焙鱼上来了，胖子用筷子先给我夹一条，告诉我这鱼毛主席很喜欢吃，这里做得特别地道。

　　我夹起小鱼咬一口，甘辣、鲜香，味道特别好。经科学研究表明，火焙鱼的鱼肉中维生素 B_2、维生素 B_6、维生素 A、维生素 E 损失很小，经过烧烤烘焙后，钙、钾、镁的含量也明显提高。

　　火焙鱼是湘潭的汉族传统名菜。所谓火焙鱼，也就是用细火烘焙加工的鱼。将一条条平江小鱼的内脏挤出来清洗干净，加盐、料酒腌半小时，然后用铁锅或者铁网架在柴火上慢慢焙干。柴火堆里可以塞一些谷壳、花生壳、橘子皮、木屑，又耐烧，熏烘出来的鱼味又好。这样烘出来的鱼半干半湿，兼备了活鱼的鲜、干鱼的爽、咸鱼的香，味道不是一般的好吃。

韶山火焙鱼采用的是山塘里的肉嫩仔鱼，这种鱼小小的，不用开膛破肚，只用指甲从肚皮中间掐开一道口子，再对挤一下，内脏就流出来了。这种鱼，农村的水塘一年四季都有。

制作火焙鱼，最关键的是要小火慢焙，烘焙的时候急不得。慢条斯理地烘焙出来的食物，味道才更香醇。如果没有铁网，竹篾网也可以，只是要稍微架得高一些。

不过，在湖南也有人制作火焙鱼不用小火烘焙，而是直接将鱼放在油锅里炸至八成熟起锅备用，锅底放油，煸香葱花、蒜泥、姜丝、干辣椒，放入炸好的鱼，烹料酒，加淀粉等调汁，迅速翻炒，淋上香油，撒葱花，出锅。自然，这种炸出来的小鱼的味道肯定不同于用柴火慢慢烘焙出来的香。

吃完韶山火焙鱼，闲暇时又和胖子一起去走街串巷。在一个干货摊上，我们看到了制作好的火焙鱼，我买了一些带回老家，准备分给亲戚朋友品尝。

毛家饭店（韶山店）

地址　湘潭市韶山市毛泽东
　　　纪念园南门
电话　0731-55685350

脑髓卷

味道醇甜，齿颊留香

　　来韶山一趟不容易，胖子妈妈让胖子带我四处转转。我和胖子参观了毛泽东故居，又来到毛泽东广场，然后又急匆匆地赶往毛泽东纪念馆。等我们回到家天已经快黑了，胖子妈妈正在等我们，她告诉我们胖子的姑姑请我们去毛家饭店吃饭，我们遂又往毛家饭店赶。

　　来到毛家饭店，我已经饿得头昏眼花。胖子姑姑点了很多好吃的菜，我顾不上品味只想快点填饱肚子。我东吃西吃，吃得六七分饱的时候，服务员端上来一盘点心，我叫不上名字。胖子告诉我这道点心的名字叫脑髓卷。我听着觉得有些恐怖。胖子连忙解释不是真的脑髓，而是猪肥膘肉剁成的肉蓉加白糖、精盐凝成的糖肉泥。因为成品形状如脑髓，所以取名脑髓卷。胖子用筷头夹一个脑髓卷递给我，我轻轻咬一口，只觉味道醇甜，质地细软，入口即化，唇齿留香。

　　脑髓卷是湘潭有名的风味小吃，历史悠久。据《湘潭县志》记载，脑髓卷早在清乾隆年间就誉满三湘。晚清名士王壬秋特别爱吃这种面食点心。"祥华卷"是脑髓卷的别名。清朝末年，湘潭有个姓石的人开设了一家饮食店，牌名"祥华斋"，脑髓卷是他家的祖传点心，饮食店因为脑髓卷这道祖传招牌生意兴隆。石老板的妻弟张某见姐姐家生意红火，效仿着也开了一家，叫"样华斋"，脑髓卷本来味道鲜美，再加上石老板妻弟服务周到热情，还免费赠送一碗椒汤，天长日久，生意竟然比姐姐家做得还好。石老板生意惨淡，便去县衙门控告张某，张某以"祥""样"两字形、音不同予以反驳，最后石老板输了官司，张家以"样华斋"取代了"祥华斋"。

制作脑髓卷其实也很简单。首先把猪肥膘肉剁成肉蓉，加白糖、精盐拌匀，凝成糖肉泥。面粉加清水和匀，加酵面、饴糖、碱揉光滑，起面团筋后，盖上湿布醒 15 分钟，再揉，擀成 1 厘米厚、40 厘米宽的面皮，把糖肉泥抹在面皮上，自外向内卷成直径 3 厘米的卷筒，两端稍微向外拉一拉，再压扁压宽，切成 20 个宽条，逐个翻折 1/5，在叠起的面皮中用刀背轻轻压一下，再继续翻折一层，同样在面皮中轻压一下。然后，把未折的一端同样朝上折 1/5，美丽的脑髓卷生坯就做成了。要记住上笼前，笼屉内要刷一层熟猪油，或者用盘子，在盘底刷一层熟猪油。脑髓卷生坯入笼，旺火蒸约 15 分钟就熟了，阵阵香味飘出来。

好吃的脑髓卷，让人吃了就忘不了。

毛远伏餐馆

地址	湘潭市韶山市碑林路与韶
	荷路交叉口西南 100 米
电话	13574084628

味香可口

乡下腊肉

趁着天气晴朗，我和胖子两个人马不停蹄，先游览了滴水洞，又去了一趟毛泽东诗词碑林。观韶山风光，心潮澎湃。

一路观光返回，巧遇胖子的堂哥，他正准备去吃饭。堂哥邀请我们同行。盛情难却，我们只好去了。坐上胖子堂哥的车，来到毛远伏餐馆。

菜陆续上，每一盘菜都很美味。一桌子菜中，有一道菜很有地方特色，那就是乡下腊肉。这种腊肉比较香，是店老板专门托人从乡下带过来的。这里所说的乡下腊肉不是一般城市饭店里的一小片一小片的腊肉，而是湘潭那种油厚肉肥、大块大块的正宗的乡下腊肉。这种腊肉若是炒，一碗腊肉必定能炒出大半碗油来。炒之前，先过一下水，因为腊肉一般都比较咸。

炒乡下腊肉，姜丝、蒜末、蒜苗、葱段、青红辣椒是必不可少的。锅里放油，腊肉片油爆到略焦，放配料，爆炒起锅，香味可口。

湘潭人有熏制腊肉的习惯，一般冬至后把鲜肉切成条条块块，撒盐腌六七天，拿到阴凉通风处晾一晾，再用松枝、谷壳、花生壳的烟熏上一个月，直熏得黄中透黑、黑中冒油，让人见了直流口水。

那香味是实实在在的，乡下人就喜欢那种实实在在的香味。以前我认识一对夫妻，他们每年冬天都熏制腊肉。在独立的一间小偏房里面放一口大铁锅，大铁锅下面塞满秕壳、花生壳、松果、木屑等可以慢慢燃烧但又燃不起火焰的材料，肉一排排地挂着，一缕缕浓烟从火堆里冒出来，慢慢扩散，直至所有的肉都浸在烟雾缭绕中。这间房子门窗是关好的，从外面看只有房顶的瓦缝里青烟缭绕。估计秕壳等快要烧完了，夫妻两人便戴上口罩，眯缝着眼睛，快速地进去加料，瞥一眼肉色，又快速地出来。

一个月后，腊肉熏制好了，便可以把腊肉放在樟木做的柜子里，柜底铺一层干稻草，再把腊肉用锦纶纸包好放进去，上面再铺一层干稻草。吃的时候拿一块，用温热水洗掉腊肉那层黝黑的外衣，裸露出油渍渍黄澄澄的色泽，看着就心生欢喜。

那对夫妻是热心肠，左邻右舍见他们熏制腊肉，纷纷请他们帮忙熏一些，无论谁说，他们都欣然答应。

很好吃的乡下腊肉，味香可口，不像鲜肉那么油腻，咬一口咀嚼，悠长的香味在心底挥之不去。

博贤楼

地址 湘潭市雨湖区熙春路
688 号

电话 0731-58623178

肥而不腻，入口即化

毛家红烧肉

　　我和胖子去风景优美的雨湖公园游玩。一路游览，走出公园又到日中。环顾四周，看到博贤楼，就走了进去。

　　我和胖子走进博贤楼，点菜上菜，很快两个人面对面筷头起起落落。两个人三个菜一个汤，三个菜中有一道毛家红烧肉，色泽金黄油亮，只是看着，就让人产生想吃的冲动。

　　毛家红烧肉也叫毛氏红烧肉，是韶山最有特色的肉类菜，色味俱佳，毛主席当年最喜欢吃。毛家红烧肉是主席宴上的八大名菜之一，也是湘菜独树一帜的主打菜。

　　制作毛家红烧肉，首先要选用上等的五花肉，把五花肉烙皮洗刮干净，放进添加了料酒和蜂蜜的水里煮几分钟，捞起来放进温水里稍后切成小方墩。锅里放油，烧至八成熟五花肉下锅，炸成金黄不要炸太老。然后放白糖熬糖色，加小半碗开水搅拌，熬起大泡并变色，再加小半碗开水搅拌，汤汁均匀并黏稠时倒入碗中待用。锅里放油，葱、姜、蒜爆香，放入肉块，加料酒、生抽、八角、桂皮翻炒，加汤汁，煨一个小时左右。出锅的红烧肉，味道香浓，入口即化，软烂可口，老少皆宜。

　　在湖南，制作毛家红烧肉的方法很多，前面的工序基本一致，就是后面煨汤的材料不一，有人用鸡汤煨肉，有人用黄酒炖肉，不管哪种，味道都醇美无比。

　　做好毛家红烧肉有三个关键，第一，五花肉要肥瘦相间、层次分明；第二，五花肉要用混合了料酒和蜂蜜的沸水焯水，然后煸出油，焦黄而不煳；第三，糖色熬的好与坏是五花肉色泽漂亮的关键。

　　毛家红烧肉，肥而不腻，香润可口，色香味俱全，等回家一定要做一份给家人品尝。

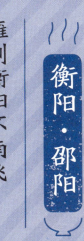

衡阳·邵阳

雁到衡阳不南飞

追风的路途,我们排着整齐的队列,攒足了劲儿,向前奔腾。茂林修竹,终年苍翠。奇花异草,四季飘香。崀山天下无双,南岳独美。

行住玩购样样通 >>>>>

行在衡阳·邵阳

如何到达

飞机

衡阳南岳机场位于衡阳市衡阳县云集镇。

邵阳有武冈机场和邵东机场。

火车

衡阳市有衡阳站和衡阳东站两个火车站。

邵阳市火车站有邵阳南站、邵阳北站和邵阳西站。

汽车

衡阳市有 3 个汽车站，为汽车西站（中心汽车站）、酃湖汽车站和华新客运站。

邵阳市汽车站有汽车东站、汽车北站和汽车南站。

市内交通

公交

衡阳市公交车普通线路执行 1 元单一票价，空调线路执行 2 元单一票价。

邵阳市公交车最早 6:00 发车，最晚 22:20 停止营运。

出租车

衡阳市出租车起步价为 6 元。

邵阳市出租车起步价为 7 元。

住在衡阳·邵阳

衡阳万怡清卿酒店

地址　衡阳市南岳区方广路 101 号
电话　0734-5667799
价格　299 元起

酒店坐落于衡山脚下，全新装修，格调清雅大气，24 小时中央空调，电信高清网络电视。

邵阳长城大酒店

地址　邵阳市双清区邵阳大道与建设南路交会处
电话　0739-6188888
价格　360 元起

酒店邻近邵阳南站，交通便利。客房共有 215 间，有棋牌室，免费 Wi-Fi，提供免费停车服务。

玩在衡阳·邵阳

衡山

地址　衡阳市南岳区
门票　旺季 110 元，淡季 80 元

　　衡山，是我国五岳之一，主峰海拔 1300.2 米，处处茂林修竹、奇花异草，自然景色秀丽。

南山风景名胜区

地址　邵阳市城步苗族自治县牧场
门票　旺季 80 元，淡季 60 元

　　南山风景名胜区保护面积 199 平方千米，景区内自然生态条件好，动植物资源丰实，集峡谷、峭壁、熔岩、怪石、原始植被、飞瀑流泉、人工湖泊于一体。

购在衡阳·邵阳

衡南茉莉花茶

店名　学友购物中心
地址　衡阳市衡山县开云镇金龙北路
　　　806 号衡山星源学校对面
电话　13365880886
价格　9.9 元 /100 克（一盒）

　　衡南茉莉花茶是用鲜茉莉花加入绿茶中窨制而成，是一种再加工的香型茶，衡南县精制的茉莉花茶非常有名，畅销省内外。

隆回腰带柿

店名　乐安购物中心
地址　邵阳市绥宁县乐安村
电话　0739-7580526
价格　1.6~2.4 元 / 公斤（水果）、
　　　7~10 元 / 公斤（柿饼）

　　隆回无核腰带柿和腰带柿分别荣获国家柿子品种第七名、南方品种第一名，果皮光滑，汁多味甜，一般自然晒干后制成柿饼。

开启衡阳·邵阳美食之旅 >>>>>

原汁原味

地址	衡阳市石鼓区柴埠门
	胜利路 20 号
电话	0734-8519777

南岳素食豆腐

细嫩爽口，回味无穷

　　侄女结婚了，远嫁到衡阳，一年到头，难得回来几次。嫂子放心不下，老搁在嘴上念叨。这些日子不忙，嫂子便拉着我一起去衡阳看望侄女。

　　我和嫂子买了两张火车票，踏上了去衡阳的旅程。我和嫂子从车站出来，侄女夫妻俩已经在出站口等候。见到我们，侄女激动得热泪盈眶，与家人久别重逢的喜悦之情溢于言表。

　　侄女带我们回家，侄女婿打电话给他爸妈，约好晚上大家一起去原汁原味吃饭。

　　夜幕降临，一家人来到原汁原味，欢聚一堂，亲情融融的眼神中充满感动与欢欣。菜陆续上，话慢慢说。说着说着，大家都被刚刚传到餐桌的一道菜所吸引。只见一个不大的砂钵里面盛着一片片油豆腐，豆腐上的汤汁黏稠，夹一块放进嘴巴，与一般的油豆腐截然不同。炸透的表皮柔软细腻，里面的豆腐细嫩爽口，再加上香菇和肉片的芡汁混合在一起，味道多变又完全融合，抿一口汤汁，美味可口。

侄女的婆婆告诉我们这道菜叫南岳素食豆腐。衡阳泉水多，南岳因为泉水水质好，做出来的豆腐细嫩润滑，最受食客欢迎。

南岳素食豆腐是衡阳著名的风味小吃，衡山传统的斋饭之一。南岳人常常把豆腐做成丸子豆腐、石锅豆腐、五香豆腐等。一般的家常做法就是把豆腐放到蒸锅里蒸十分钟，取出来放凉，切成菱形块，锅里放油，把豆腐块煎至两面金黄盛起来备用。锅里放油，爆香葱、蒜、姜、青红辣椒，放一勺辣酱，炒出红油，煎好的豆腐块下锅，放糖、生抽、一小碗底清水，出锅前加少许盐。

豆腐含铁、镁、钾、钙、锌、磷、叶酸、维生素 B_1 和维生素 B_6 等，高蛋白，营养极高，常吃可以预防动脉硬化、高血压、高血脂，还可以防治骨质疏松。但是豆腐也不宜多吃，食用豆腐过多，会妨碍铁的吸收。

来南岳，一定要吃素食豆腐。素食豆腐做法多样，喜欢怎么吃就怎么做。

雁城宾馆餐厅

| 地址 | 衡阳市雁峰区解放大道91号 |
| 电话 | 0734-2888888 转 791 |

汁鲜味美辣劲足

嗍螺

　　来衡阳第二天，我和嫂子决定出去走走看看，最后决定去回雁峰。

　　来到回雁峰，我们游览了雁雕、雁峰寺、雁峰烟雨等主要景点。从回雁峰返回，侄女的公公婆婆请我们到雁城宾馆餐厅吃饭。

　　我们很快就到了雁城宾馆餐厅。侄女的公公婆婆见我们到了，马上招呼服务员上菜。菜上来了，大家也都饿了，各自挑可口的食用。不多时，服务员又端来一盘嗍螺，一些青红椒点缀其中。侄女的婆婆说这是衡阳最有名的美食之一嗍螺。来衡阳就要吃嗍螺，不然对不起自己的胃。

　　嗍螺分两种，一种是河螺，一种是田螺。不管是河螺还是田螺，都要辣得够味才好吃，所以怕辣的或者吃不了辣的朋友请慎用。河螺与田螺是有区别的，河螺长得细细小小的，个头不大，个头大的是田螺。不管河螺还是田螺，做成嗍螺，味道都是一个字：赞！

　　只见侄女拿起一个嗍螺，对着开口处轻轻一嗍，美味的河螺肉和渗进壳里美美的汤汁全都吸进嘴里，那个辣啊，那个鲜啊，那个美啊，令人垂涎。

　　制作一盘嘓螺较为麻烦，嘓螺又名"喝螺"。选大小均匀的河螺或田螺放在清水盆里，滴几滴茶油，使它们吐出污物杂质。两三天后，用清水洗净，把瘦猪肉泥掺水拌匀，倒进盆子里，螺吃完后，用钳子钳去螺尾，加盐反复搓洗干净。然后烧锅大火翻炒，炒干水分，加茶油再炒，待香味飘散螺口掩皮脱落，加盐、料酒再炒。起锅后，倒入骨清汤锅中，加生姜、辣椒、酱油、葱、蒜等，盖上锅盖文火慢煮。

　　吃嘓螺是一种享受，喝嘓螺汤也是一种享受。嘓螺汤色鲜味美，清火开胃，爽口宜人。

　　说起嘓螺，以前也做过。老家吃嘓螺肉大多是把嘓螺煮熟了，用尖锥把肉挑出来，加青红辣椒爆炒。到衡阳吃过嘓螺以后，我才发现以前吃螺简直是暴殄天物。那么美味的嘓螺，我竟然不懂得怎样享用。

　　以后，我一定要试着自己做一次嘓螺。不会创新，如法炮制还是可以的。

盛唐田家（常宁店）

地址　衡阳市常宁市青阳路
　　　王府御楼对面
电话　0734-7668799

常宁凉粉

晶莹透明，清凉开胃

　　嫂子的姐妹带我们到胜桥镇看 500 多岁的铁树，又到常宁天堂山游玩，回来请我们去盛唐田家吃饭。

　　盛唐田家是一家味道地道、经济又实惠的地方，深受广大消费者喜爱。

　　在盛唐田家，我们点了衡阳的特色菜之一常宁凉粉。嫂子的姐妹告诉我们常宁凉粉是衡阳的特色美食，距今已有千年历史。服务员把常宁凉粉端上桌，一盘晶莹剔透的美食呈现在我们眼前。我和嫂子一人夹起一块凉粉放进嘴里，唇齿间酸辣干爽，极其清凉开胃。细细品尝，果真和老家的红薯粉与绿豆粉味道不同。

　　常宁凉粉的原料是凉粉果，这种果子是当地山上产的凉粉藤的果心。凉粉果别名"木莲""薜荔""鬼馒头""凉粉子""木馒头"，常绿攀缘或匍匐灌木，果子成熟期在 10 月，果子的底部长满白色的小麻子。乳汁含橡胶成分，摘的时候连蒂一起摘，不然像乳汁一般的汁液会流出来，沾在手上黏糊糊的。用凉粉果制造凉粉，先把凉粉果削皮，切开，晾干。然后，把果子装到一个干净的布袋子里，把袋子泡在凉开水中，用力反复捏揉凉粉果，把胶质挤出来。接着，把袋子从水中提起来，静置半小时，等它自然凝成晶莹剔透、凉爽滑嫩的天然果冻，盛一碗调碎后加糖和蜂蜜，吃起来清甜可口。炎炎夏季，吃一碗凉粉果制作出来的凉粉，顿时暑气全消，凉爽舒服。当然，如果放进冰箱冷藏一两个小时，吃起来更是冰凉怡人。

凉粉果是我来衡阳新增长的又一个见识。第一次听说有专门制作凉粉的果子。吃过常宁凉粉，感觉身上的每一个毛孔都是清新舒爽的。

凉拌常宁凉粉，方法简单，首先把凉粉切条或片，然后加糖、醋、蒜泥、辣椒、香菜，喜欢豆豉的可以加一些豆豉，味道特别好。常宁凉粉晶莹剔透，轻轻用筷头夹起一片，隔着凉粉可见筷子的纹理，所以常宁凉粉又有六月雪、水晶冻之称。

爱上常宁凉粉，也爱上了常宁这个生长凉粉果的地方。

龙桥饭店

地址　衡阳市雁峰区蒸湘南路
　　　108号（马灯部落对面）
电话　0734-8216055

衡阳荷叶包饭

清香四溢，油而不腻

　　我和嫂子来衡阳三四天了。嫂子心里牵挂哥哥，想着差不多该回去了。侄女侄女婿坚持带我们去衡山游玩，回来侄女又请我和嫂子去汗蒸，然后带我们去龙桥饭店吃饭，说是为我们饯行。

　　在龙桥饭店，侄女点了一份荷叶包饭。衡阳荷叶包饭是农村传统美食，相传已有千余年的历史。

　　侄女说衡阳荷叶包饭特别好吃，不多时服务员把荷叶包饭端到桌上，侄女打开荷叶，只觉浓浓的饭香夹着荷叶的清新扑面而来，再看包饭黄白相间，油润发亮，顿时食欲大增。我和嫂子赶紧拿起筷子尝一尝，一放进嘴巴，只觉清香四溢，松软可口，油而不腻，味道着实不错。以前曾经吃过几次荷叶包鸡，荷叶包饭却是第一次吃。

　　荷叶包饭，味道清香，可口宜人。一般是夏季荷叶茂盛的季节，采摘鲜嫩的荷叶制作。虽然干枯的荷叶也能包饭，但是在包饭前需要用水泡软，即便是这样，味道也远远不如新鲜荷叶。荷叶性寒味甘，有清热解暑、平肝降脂的功效。

制作荷叶包饭，需要把新鲜荷叶采摘回来清洗干净。提前把优质大米加水及油搅拌均匀，蒸熟摊凉。鸡蛋煎熟切碎，香葱切末，叉烧肉、虾仁、瘦猪肉、鸡肉、鸭肉、香菇切丁，加适量盐混合均匀包入放凉的饭中。荷叶柄末端剪平，不要剪破，把饭肉铺平整，包好荷叶，用布条来回捆结实，然后外面再包一层荷叶上锅蒸三四十分钟出锅。打开荷叶，扑面而来的那个香让人胃口大开。

青绿的荷叶经过蒸煮，碧绿的颜色和清香的味道全部融进饭里，浓香松软又极具诱惑力的荷叶包饭，男女老少都爱吃。

衡阳荷叶包饭也是南岳风景名胜区为进香的人们提供的一种特色小吃。南岳风景名胜区的荷叶包饭主要以茄类、豆类、面粉、莲藕及各种瓜菜为原料制作，仿制成鸡、鱼、肉、蛋。南岳素食有一品香、二度梅、三鲜汤、四季青、五灯会、六子连、七层楼、八大碗、九如意、十样景，真的是十全十美，美不胜收。

寻味湖南

烟村饭店

地址　邵阳市新宁县春风路
　　　13号
电话　0739-4928928

猪血丸子

腊香悠长味道美

同学小聚第一站是新宁崀山，崀山是世界自然遗产、国家地质公园、国家AAAAA级风景名胜区。邵阳人，没有不知道崀山的。同学当向导，一路向我们介绍天一巷、辣椒峰等景区。

从崀山下来，天色已晚，同学带我们去烟村饭店吃饭。来到饭店，点菜上菜，大家围着餐桌畅所欲言，仿佛又回到了学生时代。

谈兴正浓，服务员端上来一道猪血丸子。只见数块边缘紫黑内里绛红的丸子薄片，散发着独有的腊香，青红相间的辣子如春水中野鸭浮动。同学说这是邵阳的名菜，让大家尝尝味道如何。我夹起一片丸子薄片，轻轻放进嘴巴，只觉得清香可口，腊香悠长，别有风味。

同学告诉我们猪血丸子又叫血粑豆腐或猪血粑，是湖南邵阳地区的汉族传统名点。每年的十一月、十二月家家户户都会制作猪血丸子。传统的猪血丸子，是以豆腐为主料，配适量猪血和猪肉制成。近几年，有人在丸子里包一个煮熟的剥壳鸡蛋，又称金钱丸，较之前味道更美，更有创意。

制作猪血丸子采用的猪血是才宰杀的活猪还没有凝结成块的鲜血，豆腐则是优质黄豆制作的嫩滑豆腐，五花肉要选用肥瘦适中的，另外一个食材就是鸡蛋。制作猪血丸子首先把豆腐滤水，猪肉切成碎末，鸡蛋煮熟剥壳。然后，把豆腐揉捏成糊状，加入肉末、猪血、盐、辣椒粉拌匀。然后，把搅拌好的豆腐糊分等份捏成坨，一坨包一个剥壳熟鸡蛋，再搓成圆球形状的丸子，每个丸子外面再粘一层鲜猪血，晾干后形圆色黑。猪血丸子晾干后开始熏烤，绥宁地属山区，当地人都用灌木柴火烘烤猪血丸子，猪血丸子经过柴火熏制后，那种腊香是独一无二的。

猪血丸子制作好以后，有两种吃法。第一种吃法，炒着吃。锅里放油，葱、姜、花椒粉炸香，猪血丸子切片，下锅翻炒，加适量酱油提色，加豆豉、新辣酱炒匀，放青红辣椒，出锅，简直太香了。第二种吃法，清蒸或煮着吃。将猪血丸子洗净，放在锅里加清水煮开或者蒸熟，切片即可食用。

来邵阳吃过猪血丸子以后，深感当地居民美食文化的博大精深。以后每年，我也要尝试做一些猪血丸子，只是煤炭熏烤出来的味道肯定要比灌木柴火熏烤出来的逊色很多。

金鼎轩（佳和名都店）

地址　邵阳市洞口县洞口镇洞
　　　口大道佳和名都9号楼
电话　0739-7159662

枞菌

待客的首选菜肴

　　同学带我们来到洞口县，主要是想带我们去蔡锷公馆看看。蔡锷公馆位于洞口县山门镇，公馆正面是青砖建造的门楼，中西合璧式建筑风格。我们去了蔡锷将军故里，又去泡温泉。天将黑，我们一行人来到金鼎轩。在金鼎轩，我们吃到了鲜香美味的枞菌汤。

　　枞菌，也叫松菌，是松树底下长出来的菌子。枞菌按颜色分为两种，乌枞菌和红枞菌。按生长季节分三月菌、六月菌、重阳菌。一般三月菌、重阳菌是乌枞菌的较多，六月菌几乎全是红枞菌。红枞菌颜色鲜艳，但相对于乌枞菌来说，味道要淡一些。乌枞菌鲜美清爽、香气扑鼻，是菌中难得的上上品。

　　洞口县大部分地域山峦起伏，松林叠嶂，很适宜枞菌生长。目前全世界都无法人工培植枞菌，也不便于运输。而枞菌，每年只有20多天的生长期。

据说采集重阳菌时，当地老百姓一般夜里打手电筒上山，采下枞菌后用冰袋降温，一般只可保鲜 3 天，所以格外珍贵。枞菌营养价值很高，富含粗蛋白、粗脂肪、粗纤维以及多种维生素，有"菌中王子"之称。

由于枞菌不容易保鲜，所以新鲜枞菌采摘回来后，去掉泥土和草渣，洗干净后掰成小块，沥干水分后锅里放油，放枞菌，烧干水分，中间不停地翻炒。等枞菌慢慢变小变色，周边微微卷起的时候，放适量盐翻炒，冷却后装入容器密封，放在冰箱冷藏室，吃多少取多少，味道特别鲜。煮面条或者做汤时加一些菌油，那种鲜香味令人欲罢不能。

枞菌可以做汤，也可以单炒。枞菌炖土鸡、炖猪肉，远远的就能闻到香味。用枞菌煮豆腐味道格外鲜美，枞菌汤更是食中一绝，枞菌拌野葫葱爆炒，更是满屋飘香。洞口镇家家接待尊贵的客人，枞菌是首选菜肴。

枞菌如此珍美，想吃新鲜枞菌，干脆在邵阳吃个够吧。不过，美食总是不能错过的，带些干枞菌回家总还是可以的。

如意大酒店

地址 邵阳市隆回县横板桥镇
　　　友谊驾校西北 300 米

电话 13027395538

牛肉炒百合

原汁原味非常补

　　来邵阳好几天了，吃吃玩玩，一行六七个人一起游山玩水，仿佛又回到了学生时代。小聚特别开心，从前的上下铺，从前的同窗好友，从前的故事一遍一遍地叙说仍然意犹未尽，让我们觉得旅途格外轻松愉快。转眼就到了又要说再见的时候。相聚短暂，下一次再见不知道又要等到哪一天。

　　最后一顿饭是在如意大酒店吃的，依依惜别之情藏在心底。饭菜备好，大家各就各位。在餐桌上，我们吃到一道从前从未吃过的菜牛肉炒百合。同学说这道菜既有牛肉的香，又有百合的鲜，香中有鲜，鲜中有香。我们纷纷拿起筷子，先夹一瓣百合尝一尝，又夹一块牛肉尝一尝，果然醇而不腻、脆甜清香。

　　隆回宝庆龙牙百合个大、瓣长、肉厚，色泽洁白至宝黄，侧面看像弯月，正面看像龙牙，龙牙百合的名字就是这样来的。隆回是龙牙百合的原产地和主产地，栽培历史悠久。其百合因营养丰富、品质优良，享誉中外。

　　常见的龙牙鲜百合有两种，一种是采收回来百合球去沙剥老片，真空包装冷藏贮存；另一种就是把鲜龙牙百合用水清洗干净，剥片，放在开水里煮几滚，然后烘干或者晒干。干百合食用前要放在水里泡发泡软，无论炒菜还是做汤，味道都不一般。

先说餐桌上这一道牛肉炒百合，制作这一道菜，工序也不复杂。首先把新鲜百合一瓣一瓣地掰开洗净，焯一下水也可以，青红椒切小块备用。牛肉切片，加酱油、调和油、湿淀粉拌匀。锅里放油，烧热，爆香葱白、蒜片，牛肉下锅加调味料，加少许米酒，煸炒后盛出。锅里放油，烧热，青红椒下锅，加百合翻炒，加牛肉快速翻炒，然后起锅。

百合除了可以炒牛肉，还可以炒玉米、炒芹菜。百合最好的吃法，其实是煮粥、做汤，比如百合银花粥、绿豆百合粥、百合莲子粥等，吃了滋润心肺、补心安神。百合汤则简单，把百合洗净，小火煮烂，加白糖，夏日里喝一碗，既解暑又润肺。

当然，除了以上几种吃法，百合还可以清蒸，加蜂蜜蒸可以有效地缓解咳嗽咽干。与鳗鱼一起蒸，则又是别出心裁的一道美食，清热润肺，养阴止咳。

武冈大酒店

地址　邵阳市武冈市武强北路
　　　168 号
电话　0739-4218888

武冈米花

脆香可口香喷喷

大家吃饱喝足，整装待发，同学提议临行前去南山牧场看一看，南山牧场是个不错的地方，不去实在遗憾。南山牧场位于城步苗族自治县西南 80 千米处，人称八十里大南山。上南山牧场衣物一定要多带一些，1000 多米的海拔，温差特别大。

一行人来到南山牧场。牧场由于全由麻石建筑，所以又叫石头城。同学带我们游览了紫阳峰景区、蛟龙洞景区、老山界景区等。

从南山牧场下来，同学带我们直奔武冈。好在已经预订好武冈大酒店，一行人赶到，径直来到客房。大家坐下喝茶、聊天。几案上摆着几道点心，其中一道红艳艳的，形如满月，同学告诉我们这道点心是武冈最有名的米花。

都说米花是武冈人的"年画"，过年的时候，家家户户都做米花。早在西汉年间，武冈民间就有油炸米花的风俗。武冈米花中最有名气的要算扶冲米花，扶冲米花不同于别的地方的米花，它一方面香脆可口，一方面特别筋道，米粒与米粒之间不松散分裂，即使放进油锅里炸，也紧紧地箍在一起。

同学还告诉我们，据说当年乾隆皇帝微服下江南，游览武冈云山，在胜力寺品尝到米花，当即御书"武冈米花分外香"七个大字。由此可见，武冈米花的味道不同凡响。

武冈米花是武冈的饮食文化，又是武冈的民俗文化。武冈人过年或者结婚祝寿，米花都是必不可少的吉祥食物。它圆圆的样子如满月，食用时通过油炸膨胀变大，寓意万事圆满、兴旺发达。

武冈人对米花情有独钟。客来，总少不了米花盛情款待。客走，总要馈赠些米花祝愿客人平平安安、吉祥如意。

制作米花的工艺特别简单。首先把糯米淘洗干净，放在清水中泡涨后，分成两半。一半拌上食品红，一半放在甑内，中间用隔板隔开，蒸熟后取出来摊在一个碗口大小的篾箍内，不要把饭粒弄得松乱散落，要保持黏合平整。每个米花约一厘米厚，上层是红米饭下层是白米饭。然后将箍好形状的米花一个个摆在太阳下晒干。金色的阳光普照大地，那平铺着的一片米花，远远望去，白色底层像碎玉铺就，红色面层如玛瑙嵌成，俨然艳丽的花朵。

米花的食用方法有三种。第一种油炸米花。把米花下到油锅，米花在油锅里膨胀变大，在油浪里翻滚，让人垂涎欲滴。油炸米花要趁热吃，回潮的米花吃起来就不香不脆了。第二种泡米花油茶。油炸好的米花加上白糖、茶叶、芝麻，用开水冲泡。喝起来芳香可口，余味无穷。第三种做成米花丸子。把米花回锅蒸软，拌上瘦肉泥、胡椒粉，做成米花肉丸蒸熟，再配上肉汤、葱花，吃起来柔糯鲜嫩，清香爽口。

武冈米花如此美味，我们回去时，一定要带一些请亲友品尝。

岳阳·常德

洞庭天下水，岳阳天下楼

　　"楼观岳阳尽，川回洞庭开。"岳阳楼久写不衰，柳叶湖波澜壮阔。时光的脚步匆匆，再回首，幸福美好的味道恰似那汨罗粽子。

行住玩购样样通 >>>>>

行在岳阳·常德

如何到达

飞机

岳阳三荷机场位于岳阳市经开区三荷乡，距市区约 18 千米。

常德桃花源机场距市区约 12 千米，每天都有航班往返于全国主要城市。

火车

岳阳有岳阳南站、岳阳北站、岳阳火车站和岳阳东站 4 个火车站，南站、北站是货运站。

常德站位于常德市武陵区常德大道与武陵大道交会处。

汽车

岳阳汽车站有岳阳汽车站、洞庭汽车站、联运汽车站、巴陵汽车站、湘运汽车站。

常德的客运大站有常德汽车总站、常南汽车总站、常德汽车北站。

市内交通

公交

岳阳公交线路较多，普通车票价 1 元，空调车票价 2 元。

常德普通公交车票价为 1 元，空调车票价为 2 元，6:00 到 23:00 均可以乘坐。

出租车

岳阳市区不大，一般地方出租车 20 元内可以到达。

常德出租车很多，乘坐方便快捷。

住在岳阳·常德

岳阳格兰云天大酒店

地址　岳阳市岳阳楼区东茅岭路 29 号
电话　0730-8398833/8398888
价格　229 元起

这是一家连锁酒店，价位不高，服务较好。对于自驾游的人来说，这里接近高速路口，出行方便。

丽枫酒店（常德步行街店）

地址　常德市武陵区武陵大道 102 号
电话　0736-7157888
价格　235 元起

酒店临近汽车站和火车站，走路 10 分钟左右可到，房间设施很智能，洗澡时音乐会自动响起，也可通过蓝牙共享自己的音乐。

玩在岳阳·常德

洞庭湖

地址　岳阳市岳阳楼区洞庭湖北路
门票　60 元

　　洞庭湖古称"云梦泽"，跨湘鄂两省，北连长江，南接湘、资、沅、鄱四水，号称"八百里洞庭湖"，风光绮丽迷人。洞庭湖最大的特点便是湖外有湖，湖中有山，渔帆点点，芦叶青青，水天一色，鸥鹭翔飞。

桃花源

地址　常德市桃源县西南 15 千米的
　　　水溪附近
门票　128 元

　　桃花源前面有滔滔不绝的沅江，后面是绵延起伏的武陵群峰，境内古树参天，花草芬芳，有石阶曲径、亭台牌坊装点，宛若仙境

购在岳阳·常德

龙窖腐乳

店名　岳阳商大购物中心
地址　岳阳市岳阳楼区洞庭南路 1 号
电话　18973061380
价格　48 元 / 坛（1.18 千克）

　　龙窖腐乳不仅是一种传统的食品，而且是瑶文化遗迹最好的体现。

武陵酒

店名　锦和超市（武陵区添香商店）
地址　常德市武陵区启明街道大道澳
　　　鑫苑小区旁边
电话　0736-2680330
价格　99 元 / 瓶（53° 飘香酒酱香型）

　　武陵酒以"清澈透明、优雅细腻、醇香甘洌"而著称，为中国三大酱香酒之一。

开启岳阳·常德美食之旅 >>>>>

梁记粥铺（步行街店）

地址　岳阳市岳阳楼区巴陵中路 51 号

电话　0730-3279777

红烧鳝片

香味浓郁色泽好

　　星星在岳阳上大学，姐姐约我一起去看她。来到岳阳，星星带我们去岳阳楼观光。岳阳楼被誉为"中华第一名楼""潇湘第一美景"。岳阳楼与滕王阁、黄鹤楼并称为江南三大名楼。

　　从岳阳楼下来，肚子也开始咕咕叫了。姐姐嚷嚷减肥，我上火，嗓子也干得冒烟。星星看着我们笑笑，不说话，看到梁记粥铺便带我们走了进去。

　　只喝粥不吃菜，粥也没滋没味。点几个菜，慢慢品味。夜幕降临，粥似乎也盈着暗香。慢慢喝粥，慢慢等菜，小青菜、基围虾陆续被端上来了，最后端上来一盘红烧鳝片，扑鼻而来的香味让我直流口水。一大盘红烧鳝片，香味浓郁，色泽诱人。

　　我轻轻夹起一块鳝片放进嘴里，只觉肉质细嫩，醇香柔软，口感特别好。

　　星星告诉我，红烧鳝片是湖南的汉族传统名菜。湖南是鳝鱼的主产区之一，尤其是洞庭湖区的产量最高。吃鳝鱼的最好时候是在每年的五六月份，因为五六月的鳝鱼最肥壮，肉也最鲜嫩。

红烧鳝鱼以黄鳝为主。黄鳝俗称长鱼、无鳞公子，刺少肉多，富含蛋白质、脂肪、磷、钙、铁等。鳝鱼还含丰富的不饱和脂肪酸和卵磷脂，是构成人体器官组织细胞膜的主要成分，也是脑细胞不可缺少的营养。另外，鳝鱼血也是一大宝，治面瘫有一定的疗效。

红烧鳝片做法简单。在菜市场买鳝鱼的时候，让人帮忙把鳝鱼去骨剖好，回来清洗干净，切成四厘米长的片。蒜瓣、葱花、姜丝等准备好。热锅下油，烧到六成熟下鳝片煸炒，表面略焦有香味盛起来滤油。爆香葱花、蒜瓣、姜丝，放鳝片翻炒，加绍酒、酱油、盐、漆醋焖一分钟，用生粉水勾芡，加几滴香油，撒胡椒粉出锅。这道菜要注意勾芡必须挂在鳝鱼上，汤汁不熘芡。

说到鳝鱼，小时候我也抓过。鳝鱼细软黏滑，一抓一溜，很不好抓。猛一看它和蛇有些像，细细看纹理却不同。小时候抓的鳝鱼大都是野生的，现在集市上卖的大多是人工养殖的。

逢年过节，去大姐家，就喜欢吃大姐做的烧鳝鱼。大姐烧鳝鱼总喜欢在鳝鱼里面加几块五花肉，想来是为了增加香味。这次吃了岳阳的红烧鳝片，真是让我大开眼界。

巴陵全鱼席

地址	岳阳市岳阳楼区保利西街1号
电话	0730-8819999

香辣鱼子

颜色金黄味道香

在岳阳博物馆，出其不意地遇到姐姐的发小彩霞，彩霞比从前白皙漂亮了许多，他乡的遇见让我们心里都暖暖的。从博物馆出来，彩霞邀请我们一起去巴陵全鱼席吃饭。

饭菜摆上桌，我们边吃边聊。所有的记忆如昨，远逝的时光裹着幸福的味道挥之不去。

正聊着，服务员端上来一盘香辣鱼子。一眼望去，金黄中透着油亮，翠绿的青椒是最美的装点。彩霞说岳阳的香辣鱼子，味道特别好。

香辣鱼子是湖南岳阳的汉族传统名菜。香辣鱼子的制作过程也不复杂。首先把鱼子切成滚刀块，每块鱼子都带一层薄膜，加盐、料酒、葱花、姜末拌匀腌制15分钟。锅里下油，每块鱼子裹一层干淀粉，下到油锅里炸至两面金黄，捞起来沥油。锅里放油，下葱、姜、干红辣椒煸出香味，下青杭椒或青尖椒，大火爆炒，青椒颜色翠绿七八分熟时，下鱼子，翻炒起锅。

整个工序中，要注意鱼子切滚刀块的时候，要带一层薄膜，不然鱼子容易碎散，而且还会被油炸得四处飞溅。油炸鱼子味道特别香，一块块颜色金黄的鱼子，盛开在翠绿的青椒丛中，简直美轮美奂。

鱼子除了煎炸，也可以蒸炒，还可以做凉拌菜。鱼子有很高的营养价值，含有卵清蛋白、球蛋白、卵类黏蛋白等人体所需要的营养成分。不过，像鲐鱼、河豚的鱼子就不能食用，因为有毒。小孩子吃些鱼子有利于促进发育，增强体质。老人不建议多吃，因为鱼子胆固醇含量较高。

小时候的夏天，每逢下雨河沟里就涨水。每次涨水，父亲就拿着渔网去逮鱼。父亲每次都会背着满篓活蹦乱跳的鱼回来。记忆中，父亲的鱼篓里经常有一两条鲢鱼。鲢鱼子是青色的，母亲烧鲢鱼的时候，总是喜欢把鲢鱼子放在锅边鱼汤里一起煮沸。一整条鲢鱼子煮得七八分熟了，母亲便用铲刀把鱼子切分成几段，等香喷喷的鱼汤味渗透到鱼子里，那味道实在是妙不可言。

当然，除了鲢鱼子，还有鲫鱼子。母亲洗鲫鱼的时候，先把鱼子从鲫鱼肚子里整条掏出来，鲫鱼洗干净后再把鱼子还原回去。烧鲫鱼时，先把鲫鱼两面煎得金黄，然后加料加汤，煮得鱼香飘荡。吃鲫鱼时，母亲会把鲫鱼肚子里的鱼子掏出来，放在我的碗里，母亲说小孩子多吃一些鱼子补脑。

美味的香辣鱼子，吃出了我童年的记忆，也吃出了幸福的味道。

壹号大锅灶鱼馆（军分区店）

| 地址 | 岳阳市岳阳楼区巴陵中路 93 号 |
| 电话 | 0730-8985777 |

翠竹粉蒸鱼

竹香、鱼香，味悠长

　　彩霞的儿子十八岁生日，又恰逢升学宴，我和姐姐前去祝贺。彩霞在壹号大锅灶鱼馆请大家吃饭。宴席上高朋满座，人声鼎沸，而我只顾专心吃翠竹粉蒸鱼。

　　第一次吃翠竹粉蒸鱼，感觉特别美味。传统的粉蒸风味加上翠竹的淡淡清香，整个菜别具一格。我本来就爱吃鱼，所以这么美味的鱼摆在我面前，我自然要大吃特吃。

　　翠竹粉蒸鱼是湖南传统的汉族名菜，属于湘菜系。这道菜选用新鲜翠竹筒，装鱼后密封上笼蒸，口感特别清爽滑嫩。在湖南宴请宾客，一般都有这道菜。

　　做翠竹粉蒸鱼，首先取一截两端带竹节的新鲜粗竹筒，在离竹筒两端约四厘米的地方横锯两条再破成宽十厘米的口，破开的竹片当筒盖，把竹筒清洗干净。鱼清洗干净，切块，再用水清洗一次，沥干水分放进钵里，加盐、酱油、豆瓣酱、白糖、五香粉、甜面酱、白醋、绍酒、辣椒油、芝麻油、葱花、姜末、蒜泥拌匀，加米粉、熟猪油拌匀，腌五至十分钟，再将腌好的鱼逐块放进竹筒，盖上筒盖，上笼蒸二十分钟，出锅。鱼香融入竹香，竹香缭绕鱼香，令人回味悠长。

在这里要注意的是，米粉的制作直接影响粉蒸鱼的口感。制作米粉，要先炒米，中火把米炒热炒黄，转小火，一直翻炒到米完全变成金黄色。这时的米香味扑鼻，抓几粒嚼一嚼芳香四溢。然后，把炒米摊开，并往里面加几粒八角及胡椒粉以增加香味。米放凉后开始磨米粉，也可以用酒瓶子或者擀面杖压得细细碎碎的。这样制作出来的米粉特别有营养，可以拿开水直接冲着喝。

在老家，粉蒸鱼不多，翠竹粉蒸鱼更是没有见过。老家蒸鱼，大多先把鱼用红薯粉挂糊油炸，然后再装入黑色蒸碗上锅蒸。来岳阳，吃到翠竹粉蒸鱼，又学会了一种让鱼更美味的做法。

寻味湖南

君庭汇

地址 常德市武陵区皂果路
818号康桥街坊

电话 0736-7225999

香辣开胃很爽口

烧辣椒拌皮蛋

朋友的儿子在常德工作，她想去看儿子。但是她没出过远门，心里有些忐忑，而我刚好去常德出差，于是和她同行。

朋友的儿子在火车站出站口等着我们。见到我们，他帮忙把行李放到后备厢里，然后开车带我们到他居住的地方稍作休息。到了饭点，他带我们去君庭汇吃饭。

饭桌上有一道烧辣椒拌皮蛋。我拿起筷子，夹一块烧辣椒放进嘴里，香辣开胃，同时辣椒里还融入了皮蛋的香，真是恰到好处。

烧辣椒拌皮蛋是湖南的一道非常爽口的特色小菜。在常德，每条大街或者小巷有好几个卖烧辣椒的摊子，想吃了，买回家洗洗去皮，切丝或块，加两个皮蛋，随拌随吃。

朋友的儿子告诉我，常德的烧辣椒，一般是把辣椒穿成串放在炭火或煤炉上，烧得黑黑的、软塌塌的，有些像虎皮椒的模样便拿下来，浸在凉水里洗净去掉辣椒筋和黑皮，再用手撕成条或片。皮蛋蒸一两分钟，剥壳，切成六小瓣或者八小瓣，烧辣椒加盐、姜末、葱花、蒜泥、醋，和皮蛋一起摆盘，淋少许香油。

烧辣椒不用刀切用手撕，感觉很率性活泼的样子。皮蛋上锅蒸几分钟，不但皮好剥，切出来形状也不散。烧辣椒拌皮蛋，吃起来香辣开胃，咸鲜可口。

在老家，烧辣椒拌皮蛋几乎很少见。烧辣椒常常有，拌皮蛋也家常。只是很少有人把这两样东西搭配在一起。

无论多营养美味的食物，食用时也要适量。好吃的东西不要一次性吃个够，吃得意犹未尽，才会久久难忘。

陬乡苑酒家

地址	常德市桃源县陬市镇
---	陬市小学对面
电话	0736-6686688

麻辣藕

家喻户晓时尚菜

　　来常德的第二天，我去桃源县办事。事情进展得很顺利，临近中午，几个工作人员和我一起就近来到陬乡苑酒家吃饭。

　　六个人六个菜、一个汤，大家边吃边聊。正吃着，小刘喊老板上一份昨天吃的麻辣藕。麻辣藕上来了，我夹一块放在嘴里，麻、辣、香、脆，特别开胃。

　　麻辣藕制作起来也并不复杂。首先把藕切片，用醋水浸泡几分钟，然后焯水。锅里放油，放花椒，花椒爆出香味后捞出，爆香葱、蒜、姜、干红辣椒，放醋、生抽、鸡精，放完关火下藕，放剁椒、老干妈，拌匀装盘。

　　一定量的花椒、干红辣椒、剁椒、老干妈，保证了藕的麻辣香。另外，莲藕切好用醋水泡一下，吃起来会脆一些。

　　藕可以生着吃，也可以炒菜、凉拌、晒干磨成藕粉，或者炸成藕夹、藕饼，都很受食客欢迎。不过，要注意，炒藕或者炖汤，忌用铁锅，以免藕变成黑色。

藕有红花藕与白花藕之分，红花藕外皮褐黄色，生吃味道苦涩，适合炖汤。白花藕外皮光滑，呈银白色，适于清炒或凉拌。另外，还有一种麻花藕，外表粗糙，呈粉色，这种藕含淀粉比较多。

冬天怕冷的人，可以多吃藕，多喝藕汤。据说藕含有丰富的有机盐，和辣椒、花椒一起吃，可以祛风散寒。

来常德吃过麻辣藕之后，我便爱上了常德的剁椒。常德麻辣藕开胃下饭，真的是一道吃了忘不掉的美味。

肖家河餐馆

地址 常德市临澧县临道与 112
乡道交叉口南 50 米

电话 0736-5552216

杨板千张

白如玉，薄如绢

应邀在杨板进行一场讲座，我和杨板老友大朋一起到肖家河餐馆吃饭。

肖家河餐馆的老板娘是大朋姑姑的朋友，我们到了餐馆，姑姑已经让人备好饭菜。一桌美味佳肴，其中有杨板最出名的千张。杨板桥有一条小溪，常年不歇，水源来于一口古老的泉井，溪水清清，甘甜滋润。杨板千张，就是用这条小溪的水制作的。

做千张，讲究豆好水优。靠山吃山，靠水吃水，靠着这条小溪，杨板人做出来的千张白如玉、薄如绢，入口细嫩，美味可口。

在湘北，杨板千张享有盛名。千张在苏北地区叫作百叶，北方人也称它为豆腐皮。得名千张，是因为它做出来的时候看起来有千百张叠加在一起。

杨板千张吃法多样，可以冷盘拼花，可以清炒，也可以煮火锅。在杨板，最受大家欢迎的是辣豉千张。

千张切成细丝，加盐拌匀，再用沸水烫一下，沥干水分。准备好葱花、姜丝、蒜泥，豆豉用刀压成泥，豆瓣酱剁细。炒锅加热，放油，炸千张丝至浅黄色备用。爆香葱花、姜丝，下豆豉泥、豆瓣酱煸炒出香味，加清汤烧沸，用漏勺捞出料渣，油炸千张丝放进汤里，加盐、白糖，调小火，汤汁收得差不多的时候，放味精、芝麻油，转动炒锅，等汁干亮时起锅，凉凉后即可食用。

　　杨板千张本来就很好吃，再加上如此精工制作，更是美味无比。

　　在老家，千张很少油炸。从小到大，几乎没有吃过油炸千张。小时候，爸爸开了一家豆腐馆。每天下午妈妈都会帮爸爸剥千张。妈妈一张一张地把豆腐皮从腐子布上剥下来，又一张一张地叠放得整整齐齐。而腐子布边边角角沾的豆腐皮，妈妈会加一些青红椒给我们炒着吃。

　　缘于爸爸的豆腐馆，对于千张，我有着很深厚的情结。如今吃到如此美味的杨板千张，个中滋味在心头。

柏园餐馆

地址 常德市武陵区柏园路
38 号

电话 0736-2639703

梅香鸭

酥脆入味令人醉

对于鸭肉，除了馋味鸭，我还喜欢啤酒鸭。当然，酱板鸭、北京烤鸭等都很好吃，我就不一一列举了。

原本以为鸭肉也就这些口味，只是没有想到，这一次在常德竟然吃到梅香鸭。

来常德出差的第三天，朋友请我去柏园餐馆吃饭。在餐桌上，那盘散发着杨梅香味的鸭肉，让我食欲大增。一眼望去，鸭肉深褐而油亮，轻轻夹一块鸭肉放进嘴里，顿感鸭肉酥脆入味，似乎连骨头都是酥的。吃完细细品味，鸭肉的香与淡淡的杨梅香交织叠加，令人迷醉。

朋友告诉我，梅香鸭在常德称得上一道名菜。顾名思义，梅香鸭的配料自然少不了杨梅。杨梅配鸭肉，酸酸甜甜的杨梅不但让人胃口大开，而且可以有效地去除鸭肉的腥腻。

制作梅香鸭，首先把买回来的鸭子绒毛处理干净，然后用盐把鸭身反复搓洗几遍。锅里加冷水，水中放入生姜、八角、葱白段、香叶、干红辣椒、小茴香、花椒，大火烧开把香料煮出香味，关火。香料水冷却后，把鸭子放进去，大火煮开，适当翻面，鸭肉七八分烂的时候加杨梅、花生米。

　　用杨梅当配料烹调鸭子，味道特别好。吃过一次梅香鸭，便对它的香鲜软糯念念不忘。朋友告诉我，制作梅香鸭调料的关键在于杨梅。杨梅成熟的季节可以用新鲜杨梅，杨梅过季可以采用杨梅干或者杨梅酒，味道都很鲜美。鸭肉上色除了红烧酱油还要加50毫升杨梅酒，脆皮调料需要准备两汤匙蜂蜜、两汤匙杨梅酒。

　　另外还要注意，制作梅香鸭的过程中，煮好的香料水一定要冷却后再放入洗好的鸭子。如果香料水还烫的时候就把鸭子放进去，鸭肉表皮遇热蛋白质会瞬间凝固，口感就不那么好了。鸭子放进冷香料水中，大火煮开，香味自然渗入其中。

　　这一次来常德真的不虚此行。吃过烤鸭、板鸭、馋味鸭、啤酒鸭，唯独对这梅香鸭情有独钟。

益阳·张家界

鱼米之乡得天独厚

　　五颜六色的旗帜迎风飘扬，梦想张开翅膀。徜徉在竹乡，登上黄石寨，心在广阔的天空中飞翔。景色优美的天子山和宝峰湖，说不完的美味佳肴，让我格外留恋这个地方。

行住玩购样样通 >>>>>

行在益阳·张家界

如何到达

飞机

益阳没有机场，可乘飞机到临近的长沙黄花国际机场，距益阳市区 70 千米。

张家界荷花国际机场距离市区仅 5 千米，有机场大巴通往市区。

火车

益阳火车站位于益阳市高新区，有多趟公交可达。

张家界火车站位于张家界市永定区黎坪。

汽车

益阳有朝阳汽车站、汽车东站、汽车北站 3 个汽车站。

张家界只有 1 个汽车站，有发往省内外一些大中城市的长途班车，也有发往周边景区的短途车。

市内交通

公交

益阳市区内，从 5:30—21:00 均有公交车。

张家界市区面积小，公交线路较少。

出租车

益阳市出租车的起步价为 5 元。

张家界出租车的起步价为 3 元。

住在益阳·张家界

安化华天假日酒店

地址　益阳市安化县莲城路 18 号
电话　0737-7808888
价格　329 元起

酒店设施齐全，环境优美，装修豪华典雅，酒店主楼 15 层，拥有各式豪华客房，有宽大的停车场，中式和西式餐厅等综合服务设施。

张家界碧桂园凤凰酒店

地址　张家界市永定区沙堤乡板坪村
电话　0744-8608888
价格　498 元起

酒店位于国家森林公园和武陵源景区旁边，为欧式建筑风格，豪华典雅，有客房千余间，度假式别墅百余套，还有多功能会议厅、宴会厅、中西餐厅及室内外泳池等配套设施。

玩在益阳·张家界

益阳奥林匹克公园

地址　益阳市赫山区康富南路 30 号
门票　免费

　　益阳奥林匹克公园是一座体育运动主题公园，还是中国羽毛球队益阳训练基地，被誉为"银城之光"。公园内经常会举办一些大型活动，如演唱会、足球赛等，园内的夜景很值得一看。

天子山

地址　张家界市武陵源区武陵源风景
　　　名胜区西北部
门票　索道单程 52 元、双程 104 元

　　天子山有着成片的原始森林，奇花异木比比皆是，珍禽异兽随处可见。山上有挺拔的劲松，悬崖峭壁，还有翻滚着的茫茫云海，高耸入云霄的山峰。其主要景点有贺龙公园、仙女散花、天子阁、御笔峰。山上春夏秋冬景色各不相同，大自然的鬼斧神工造就了天子山的旖旎风光。

购在益阳·张家界

安化黑茶

店名　好日子购物中心
地址　益阳市赫山区 028 县道南 50 米
电话　13407372339
价格　198 元 / 礼盒

　　黑茶属于后发酵茶，富含茶多糖类化合物，被医学界认为可调节体内糖代谢（防糖尿病），能够降血脂、血压，抗血凝、血栓，提高机体免疫力。

葛根粉

店名　土家百货
地址　张家界市武陵源区标志门军邸
　　　路 55 号
电话　0744-5627988
价格　200 元 / 斤

　　葛野粉用开水冲服，佐以白糖、炒米，味道更佳，亦可与肉类煎食，为席上佳肴。葛根粉有解暑、健胃、补虚益气等功效。

开启益阳·张家界美食之旅 >>>>>

万福餐馆

地址　益阳市赫山区益鑫
　　　泰路 158 号
电话　15973720361

刮凉粉

酸辣开胃很凉爽

　　小辉交了一个男朋友，男朋友是湖南益阳人。小辉妈妈想去益阳实地考察一下这个未来女婿，于是叫我陪着一起去。

　　我们一路奔波劳顿，到了益阳又饥又渴。解决吃饭问题变成首要问题，小辉男朋友带我们到万福餐馆。饭店门面不大，我们点了几个菜，想简单地吃顿饭，然后下午四处走走看看。

　　饭菜很快就被端上来了，其中有一道凉粉，晶莹剔透，不太规则的丝丝缕缕，看形状不像刀切的，小辉男朋友告诉我们是刮凉粉。我夹起一条凉粉条放进嘴里，只觉得筋道柔软，酸香辣鲜，特别开胃解渴。

　　小辉的男朋友告诉我们，刮凉粉是益阳街头巷尾的一种传统风味小吃。益阳刮凉粉不同于我们老家的凉粉，它的原料是优质蚕豆。比如说郭老馆刮凉粉，它的加工讲究，首先用优质蚕豆磨浆，用凉开水把白白细细的粉坨化开调成糊状，然后把沸水倒进装糊的瓦钵中搅拌，调拌成藕粉一样的颜色，用筷子试浆，浆往下掉时成坨不成线，调好浆后冷却。然后，把冷却的浆翻过来扣压在干净的案板上，吃的时候用凉粉刮子一下一下刮成条，放进碗里拌料，加盐、榨菜丁、味精、麻油、姜末、蒜泥、香醋、腐乳汤、辣椒，吃起来清凉爽口。

说到凉粉，我想起小时候，每逢盛夏妈妈也会做凉粉。老家做凉粉不用蚕豆，是用红薯粉或绿豆粉，也有用小米、大米的。不同的是老家做凉粉，要在沸水中加明矾，然后倒进粉糊里搅拌。

凉粉一般有两种吃法，一种是凉拌，炎热的夏天吃起来特别清凉解暑；第二种是煎炒，加豆瓣酱、青红椒、葱花、姜丝等，炒出来嫩滑爽口。

益阳刮凉粉给我留下了深刻的印象，因为我从小到大没吃过蚕豆做的凉粉，也没见过凉粉是刮而不是切的，更没吃过凉粉中放这么多调料的。味道和口感真是超级好。

万福餐馆

地址　益阳市赫山区益鑫泰路
　　　158 号
电话　15973720361

肉末酸豆角

酸酸脆脆又鲜香

　　我们到的当天晚上，小辉男朋友的爸妈请我们到万福餐馆吃饭，说是为我们接风洗尘。

　　小辉男朋友的爸妈点了很多菜，我们正说话间，肉末酸豆角摆上餐桌，一大盘切得细细碎碎的酸豆角，其间点缀着肉末和辣椒。我用筷子夹了一些放进嘴里，麻、辣、咸、甜、鲜味齐涌舌尖唇齿，爽脆滑嫩的酸豆角渗着肉末的鲜香，令人胃口大开。我连连夸这道菜好。

　　小辉男朋友的妈妈告诉我肉末酸豆角是益阳的一道汉族传统菜，制作起来也不麻烦，关键是泡豆角这个食材要挑选好。泡豆角可以直接在市场买，也可以自己在家做。泡豆角做得好，炒肉末的时候吃起来才会酸酸脆脆。

　　泡豆角首先把豇豆头尾去掉，洗干净放在太阳底下晒到半干。锅里烧一锅水，加一定量的精盐冷却后倒进一个坛子或者玻璃瓶中，加八角、姜片、半干红辣椒、花椒。把晒得半干的豆角放进水里，豆角量以水淹没豆角为准。然后，滴几滴白酒密封好，三五天后就可食用。泡的时间越久，豆角酸味越浓重。

　　制作肉末酸豆角除了要挑选上好的泡豆角，优质的五花肉也是必须的。泡豆角切成小粒，五花肉切成肉末，姜、葱、蒜剁末，红辣椒切粒。锅里烧油，爆香姜、葱、蒜和肉末，等肉末变色，放泡豆角粒、红辣椒粒。一边翻炒，一边放花椒水、味精，出锅前淋一些香油。一道色泽红亮、香味扑鼻的诱人美味就做好了。真的是特别开胃。

　　在老家，很少人制作泡豆角。豆角是一种时令菜，豆角上市的时候，很多人把豆角买回去，放在锅里煮熟晒干制成干豆角。逢年过节或者家里来了客人，做蒸肉或者扣肉时，在盘底垫一些干豆角，味道特别好。

　　无论是酷热的夏日黄昏，还是寒冷的冬天清晨，一碗白稀饭一个馒头，就着一盘肉末酸豆角，该是多么惬意的生活。

老同学私房菜餐馆

地址　益阳市资阳区长春西
　　　　路 218 号

电话　无

土匪猪肝

外焦里嫩，香辣霸气

　　和小辉妈妈来益阳两天了。今天计划去秀峰湖游玩。秀峰湖位于益阳城区中心，湖水清澈，风景秀美。走走停停，我们淋漓畅快地玩了一天，离开秀峰湖时天快黑了。这时候小辉给我们打电话，让我们到老同学私房菜餐馆吃饭。

　　来到老同学私房菜餐馆，只见服务员陆续上菜，土匪猪肝端上来了，只见白色的瓷盘中一块块褐色油亮的猪肝点缀着红辣椒，我夹起一块猪肝放进嘴巴，慢慢咀嚼，只觉外焦里嫩，香辣霸气。

　　土匪猪肝是一道很正宗的湘西风味菜，分量足，入口咸辣爽口，酣畅淋漓。书画大师张大千自称有三绝，书画其次，做菜居首。他嗜麻辣喜醇香，最爱吃湘西这道重口味的土匪猪肝。

　　土匪猪肝听名字有些霸气，之所以命名为土匪猪肝，并不是说它是土匪吃的猪肝，而是因为湘西之前是个土匪比较猖獗的地方，当时出现了"土匪美食"文化，而它在做法和风味上保留了湘西美食的最大特色。

　　制作土匪猪肝，特别要注意的是清理猪肝。猪肝买回来洗净去掉表面筋膜，切成片，然后放在加盐和白醋的清水里浸泡一小时沥干水分，再用二锅头、淀粉上浆腌三十分钟，然后再清洗掉表面黏液。姜切丝，葱切段，蒜斜着切块，青红杭椒斜着切长片。锅里加油，下猪肝滑炒至猪肝变色盛起备用，油锅爆香姜丝、葱段、蒜块，下青红杭椒翻炒，下猪肝，加盐、生抽、老抽，翻炒出锅。

　　猪肝营养丰富，铁、维生素 A、蛋白质含量都很高，是滋补气血的佳品。虽然清洗起来比较麻烦，但做好了会特别美味。

富正毅三下锅（紫舞骊珠店）

| 地址 | 张家界市永定区子午路紫舞骊珠 B 栋 |
| 电话 | 0744-8881966 |

张家界招牌菜

土家三下锅

　　暑假，很多同事都外出旅游去了。张家界是我一直想去的地方，正好我的朋友康康他们单位组织出游，我便跟着他们一起出发了。到达张家界的第一站是去天门山国家森林公园，参观了惊险的玻璃栈道。第二天，天气阴沉，眼看要下一场大雨。为了安全起见，康康他们单位的负责人通知大家自由活动。我不想浪费雨中的美景，约康康一起去十里画廊。同去十里画廊的还有康康的两位同事。十里画廊位于索溪峪景区，两边森林葱茏，奇峰怪石千姿百态。

　　从十里画廊出来，又到了吃饭时间。康康其他同事打电话让我们到富正毅三下锅吃饭。赶到富正毅三下锅，一行人坐定坐稳，饭菜陆续端上桌。一大桌子菜，康康最喜欢吃那道土家三下锅里的萝卜。土家三下锅是湖南张家界的一道特色美食，来张家界不吃三下锅，多少都有些遗憾。

　　2009 年，在由湖南都市频道主办、红网等媒体参与投票的"金龙鱼茶油故乡菜大召集"活动中，土家三下锅成为张家界招牌菜，荣登"湖南 14 市州故乡菜之首"。

　　关于三下锅，还有一个故事。相传明代嘉靖年间，朝廷征调湘鄂西土司上前线抗击倭寇，为了不误军机，土司王下令提前一天过年，把腊肉、豆腐、萝卜等一锅煮，叫作"合菜"，后来逐渐演变成了今天的"三下锅"。

　　随着饮食文化的发展，土家三下锅已经不仅仅局限于腊肉、豆腐、萝卜一锅煮，而是采用猪肚、牛肚、羊肚、猪蹄、猪头肉或肥肠来代替。比方说牛三鲜，原材料就有牛肉、牛肚、牛蹄筋，三下锅逐步演变成三鲜锅。

　　土家三下锅做起来很简单，腊肉切成片，锅里放油，爆香葱、姜、蒜、干红辣椒，放海鲜酱、腊肉，炒出肉香。把炒好的食材放到小砂锅里，加水，水沸后下萝卜块和豆腐块。大火烧开，转小火炖三四十分钟。然后加料酒、酱油、鸡精，再煮五分钟就可以端到餐桌放在火锅炉上了。

　　土家三下锅，味道悠长、芳香，让人感到温暖而幸福。

乐口福家常菜馆（古庸路店）

地址 张家界市永定区古庸路市
人民医院斜对面

电话 0744-2199788

鲜香味美色金黄

乌鸡天麻汤

　　大庸府城位于张家界市解放路，由八座楼群组成，建筑呈明清时期土家族、苗族、白族、瑶族、侗族等少数民族的建筑风格。

　　我和康康游完大庸府城，大包小包买了很多纪念品，又累又饿，康康带我到乐口福家常菜馆吃饭。

　　我和康康两个人，点了两个菜一个汤。我们慢慢喝着茶水，边聊、边喝、边等，不一会儿，一锅醇香的乌鸡天麻汤就端上来了。细看汤汁，乌黑的鸡块、黄的天麻，只觉色泽诱人，营养丰富。我迫不及待地喝了一口，唇齿间鲜香味美。

　　做乌鸡天麻汤，首先把乌鸡放在开水里焯一下，清洗干净后，连同天麻、葱、姜、蒜、枸杞一起倒入装满清水的砂锅，大火烧开，撇去表面残沫，转慢火炖。等鸡肉烂时，加料酒、鸡精、醋，小炖一会儿，加盐出锅。

　　服务员告诉我们张家界八大公山一带的天麻，色金黄，透明发亮，是天麻中的上品，可以治疗头晕目眩、中风偏瘫。天麻分为冬麻和春麻两种，冬麻质量好，春麻质量差。冬麻挖出来后，去掉外皮，洗净煮透或者蒸熟，压平，小火烤干，润透切片，切片体实泽亮半透明者质量最好。

　　乌鸡天麻汤所选用的乌鸡又称山鸡、乌骨鸡，由于其营养价值高，又具有药用和食疗作用，被人们称作"名贵食疗珍禽"。

　　长期服用乌鸡天麻汤，可起到养颜、健胃的功效，对治疗神经衰弱、眩晕头痛效果显著。

　　在老家似乎很少用天麻做汤，做乌鸡汤时大多加枸杞、葡萄干、桂圆等。新年时大家来家里吃饭，我煲了一锅乌鸡天麻汤，大家都很爱喝。自己盛一碗，轻啜一小口，坦白地说，味道真不错。

寻味湖南

相约武陵回家吃饭

地址　张家界市武陵源区桂
　　　花路汽车站旁
电话　0744-5956777

板栗炖鸡

软糯清甜肉飘香

　　在张家界待了好多天。一天，我约了康康去贺龙公园看看。贺龙公园位于天子山上，公园内有贺龙元帅铜像、兵器馆、贺龙元帅陈列馆等。

　　从贺龙公园出来，康康的同事打电话让我们到相约武陵回家吃饭，吃完饭，大家收拾收拾就该打道回府了。

　　在相约武陵回家吃饭，满桌美味佳肴，我最爱吃那锅板栗炖鸡。服务员告诉我们，武陵源盛产板栗，板栗炖鸡是武陵源一道名菜。

　　别看板栗炖鸡平平常常，许多人都会烧制，但在武陵源，板栗炖鸡除了板栗不同于其他地方，还有那个炖锅。我们平常炖鸡不是用铁锅就是用砂锅，但是在武陵源地区，做板栗炖鸡用的却是石锅。土鸡与板栗通过石锅的缓慢加温，原生味道合二为一，相得益彰。

　　所谓石锅，就是用石头做的锅。石锅的取材有两种，一种是灰白色峡石，取于长江三峡边一峡口处；一种是青石，取于重庆长江边一高山峰顶处。石锅可以炖汤、做菜，也可以煮饭，味道都非常好。

餐桌上，石锅飘香，黄色的板栗醉卧于浓香的鸡块之间，我禁不住诱惑，赶紧拿起筷子夹一个大个板栗，只觉软糯清甜中浸着土鸡的肉香，简直美不可言。

张家界板栗炖鸡，是一道营养美味的保健菜肴。鸡肉温中益气，补虚填精。板栗含有大量的淀粉和蛋白质、脂肪、维生素，性温味甘，养胃健脾。

板栗炖鸡制作简单。土鸡洗净，切块，焯水，鸡块放进石锅内。生姜切片，一同放进去。板栗划一个小口，放在沸水中煮几分钟，去壳去衣膜。汤煲烧开后半小时放板栗，煲一个小时左右，出锅前加盐调味，撒葱花。

吃完张家界美味的板栗炖鸡，我也想买一个石锅带回去。板栗炖鸡稀松常见，但石锅就不寻常了。

带一个石锅回去，亲戚朋友或兄弟姐妹来了，做一锅板栗炖鸡让他们尝尝鲜。这道菜太美味了，吃过一次便想和大家一起分享。

竹木之乡钟灵毓秀

娄底·郴州

　　历史的烟云舒展着温馨的画卷，一款美食最打动人心的不仅仅是它鲜嫩的口感和清香的味道，还有它背后令人动容的故事。

行住玩购样样通 >>>>

行在娄底·郴州

如何到达

飞机

娄底没有飞机场，去娄底可以从长沙黄花国际机场坐机场大巴或公交车到长沙火车站或汽车站，然后再转到娄底。

郴州没有飞机场。去郴州可以从长沙黄花国际机场坐机场大巴或公交车到长沙火车站或汽车站，然后再转到郴州。

火车

娄底有娄底站和娄底南站两个火车站。

郴州有郴州站和郴州西站两个火车站，快车和特快列车停郴州站，高铁、动车停郴州西站。

汽车

娄底有汽车站和汽车南站两个汽车站。

郴州有郴州汽车总站和天龙汽车站两个较大的汽车站。

市内交通

公交

娄底市普通公交车票价为 1 元，空调车票价为 2 元。

郴州市一般 6:20—23:00 均有公交车可以乘坐。

住在娄底·郴州

维也纳国际酒店（新化学府南路店）

地址　娄底市新化县世纪融苑 C 栋
　　　6~12 层
电话　0738-8997999
价格　259 元起

酒店客房很新，服务周到，提供免费停车和免费 Wi-Fi 服务。酒店还设有室内游泳池、健身房等。

郴州东江明芳宾馆

地址　郴州市资兴市东江开发区迎宾路
电话　0735-2495486
价格　128 元起

宾馆距离东江湖旅游区很近，观雾漫小东江极为方便，宾馆房间宽敞舒适，设施齐全，提供免费 Wi-Fi。

玩在娄底·郴州

仙人府

地址 娄底市涟源市
门票 免费

仙人府景区景色绝美，主要景点有洞中飞瀑长寿瀑、洞中一线天、世间绝景三孔立交仙人桥、洞内舞厅、南天门、东方维纳斯等。

天仙风景区

地址 郴州市汝城县外沙乡外沙村
门票 46元

天仙风景区依山傍水，山地峻秀，层峦叠嶂，树木葱茏，流水潺潺。景内有风光旖旎的白石山，有景观奇特的万年溶洞，有闻名遐迩的古代书院，有古钟鸣响、烟火缭绕的白石庵，还有饱经沧桑的古战场和"世臣故家"太保第。

购在娄底·郴州

双峰落口溶乔饼

店名 e陪购物中心
地址 娄底市双峰县花门镇正公祠
电话 0738-6991177
价格 20元/斤

双峰落口溶乔饼饼皮上的白衣薄厚均匀，入口即溶，因此得名"落口溶"，味道细腻甘甜。

宜章莽山绿茶

店名 彩虹便利店
地址 郴州市北湖区五岭大道涌泉小区37栋107号
电话 15779956258
价格 188元/包（250克）

宜章莽山绿茶以其色泽翠绿、茶味醇和无公害的优良品质，畅销国内外，是馈赠亲朋好友的佳品。

开启娄底 · 郴州美食之旅 >>>>>

和平饭店

地址　娄底市新华县迎宾路
　　　98号

电话　0738-3503999

洁白无瑕，鲜美柔嫩

白溪水豆腐

　　我的朋友梁敏是娄底人。我和梁敏相处三年，没有和她一起去过娄底，但吃过她休年假从娄底带回来的白溪豆腐干和腌杨梅。

　　转眼我们已经分别十多年了。再次联系上梁敏是在上个月。上个月我去娄底，忙完采购，给梁敏打电话，约她一起吃饭。

　　我们约好到和平饭店一起用餐。餐桌上摆着几道菜，其中一道是娄底很有名的白溪水豆腐。白白嫩嫩的水豆腐，一抹葱花点缀，白里盈着绿，清爽鲜亮。相传清乾隆皇帝游江南，经过白溪镇，吃了水豆腐，得知水豆腐是八仙街上的一口水井里的水制作的，当即为这口井赐名"金殿井"。白溪水豆腐就是取金殿井井水制作而成的。

　　我拿起筷子，夹一块水豆腐放进嘴巴，只觉质地细嫩，鲜美可口。梁敏告诉我水豆腐好吃，是因为水质好。白溪水豆腐早就享有"走遍天下路，白溪水豆腐"的美誉。

　　白溪水豆腐是白溪镇的特色美食，鲜美柔嫩。白溪最有特色的是煨豆腐。

由于新鲜豆腐只能保存一到两天，白溪周边地区农民一般用柴火煮饭，做完饭菜，拨开灶膛火星，在滚烫的草木灰中挖个坑，把水豆腐平放进去，盖上草木灰，过了一晚上，水豆腐变得质硬坚挺。然后，把煨好的豆腐拿到溪水里洗干净，放到太阳下面晒干表面的水分，用铁丝筛架在灶上烘烤一两个晚上，煨豆腐便半干，半干的煨豆腐便于保存。吃的时候，拿一块煨豆腐出来切成薄片，放在油锅里炸得两面金黄，加盐、葱、姜、蒜、辣椒粉、味精等，吃起来外韧内滑。

白溪水豆腐系列中，除了煨豆腐，还有腐乳。白溪腐乳用传统工艺制作，储存时间比较长，且豆腐乳质地细腻，口感香醇，深受广大消费者喜欢。

来娄底，一定要尝一尝白溪水豆腐。

梅山餐馆

地址　娄底市娄星区关家脑世纪花城大门口右边

电话　18216450066

浓香鲜辣很过瘾

梅山三合汤

　　好朋友小敏的妈妈六十大寿，我前去祝贺。地点定在梅山餐馆。菜陆续上来了，自然少不了娄底最常见也最美味的梅山三合汤。三合汤也叫霸王汤。相传晚清大臣曾国藩组建湘军时，湘军因为长期生活在野外、湖区，患风湿病的士兵越来越多。曾国藩便花重金请回一位有名的厨师，精心调制了一种祛风湿病的三合汤。士兵们食用此汤后身体复原士气大振，所向披靡。从此，三合汤在当地广泛流传。

　　关于三合汤，梅山当地还流传着这样一个传说。有一天，横阳山寨的山民正在杀牛，突然一位山民昏倒了，一位老人让人取一碗牛血，加几块牛肉、几片牛肚、几个红辣椒一锅煮沸，灌到昏倒的山民嘴里，那位山民不一会儿就苏醒了。由此可见，三合汤除了除寒祛湿，还可以活筋通脉。

　　听说三合汤有如此多的功效，我赶紧舀小半碗尝一尝，山胡椒油味道有点怪，小半碗三合汤下肚，脑门开始冒汗，喉咙腹部一阵灼热，浓香奇异的三合汤，辣得过瘾，鲜而开胃。

　　主食上来了，在米饭上浇上几勺梅山三合汤，搅拌均匀，一口下肚，又辣又香，太爽了，唇齿的快意与震撼，只可意会不可言传。

　　三合汤选料极其讲究，最好用公水牛的牛血、牛肚，公黄牛的里脊肉。牛肉要横切，牛肚做菜前几分钟清洗干净，里面的黑皮保留，梅山三合汤吃法奇特就在于此，黑皮若是去掉了，甜味鲜味全都没有了。食材准备妥当，把牛肉、牛肚下到油锅里翻炒，加米酒酿、干红椒粉、生姜、八角、桂皮、茴香汤，盛装在汤锅里，牛血嫩炒，倒进汤锅，加沸水烹煮，出锅加山胡椒油、酱油、葱花，爱吃酸的可以加米醋。

　　我从来没听说过一道菜，它的食材要求如此严格。难道纯粹用公水牛的牛血、牛肚、里脊肉或公黄牛不行吗？疑惑之际我又盛了一碗三合汤，舌尖逐渐适应了山胡椒油的味道，只觉牛血鲜嫩，牛肚有嚼劲，牛肉绵软而又柔韧，饱满的辣椒辛辣刺激，不一会儿就大汗淋漓。

　　来娄底，梅山三合汤给我留下了极其深刻的印象。

玉楼东

地址	娄底市娄星区乐坪西街与扶青路交叉口西南角
电话	0738-8538777

永丰五味香干

咸香清爽韧劲足

这一次来到娄底市，我想着一定要去曾国藩故居看一看，小敏知道了，主动要求当我的向导。

我们游览完曾国藩故居，正在去秋瑾故居的路上，小敏妈妈打电话让我们到玉楼东吃饭。我们马不停蹄往玉楼东赶，小敏的妈妈已经到了大半个时辰了。

我们边吃边聊。不一会儿炒香干上来了，我夹起一块豆干，边吃边点头。

永丰五味香干是湖南娄底的特产，是具有地方特色的汉族传统小吃。五味指的是辣、甜、咸、香、鲜。相传清乾隆皇帝游江南，路过双峰走马街，店主制作了一道香干，乾隆皇帝吃了顿觉质韧而柔，味咸而鲜爽，闻之清香，食之细腻，色香味俱佳，连连夸赞永丰香干是香干中的绝品。从此，香干成为宫中的贡品。

永丰人制作五味香干，需要挑选永丰优质大豆，去壳、浸泡、磨浆、过滤、蒸黄、调配、入模、榨压，然后再均匀地放上辣椒粉、辣椒油、香油、盐、酱油，烘烤 24 小时制作而成。

香干的食用方法多样，可炒可卤可凉拌可油炸。芹菜炒香干，腊肉炒香干都特别美味可口。

香干在老家叫豆腐干，每个豆腐摊上都有卖的。我也买过几次香干，做了腊肉炒香干，家里人都爱吃。但永丰五味香干是我吃过的最好吃的香干。

大碗兄弟（安仁店）

地址　郴州市安仁县阳光丽
　　　景北 100 米

电话　0735-5218899

安仁抖辣子

辣中带香，回味无穷

　　小艳在广州打工，后来嫁给了来自郴州的一个同事小军。小艳要生产了，小军把她送回自己的老家郴州养胎。最近小艳刚生了小孩，我们去郴州看她。时间还早，小艳抱着娃，小军带我们去云丹霞山看丹霞风光。这里真是个美丽的地方。

　　玩累了，也饿了，小军带我们到大碗兄弟吃饭。满桌美味佳肴，其中有一道最特别的下饭菜安仁抖辣子。小艳招呼大家尝一尝，我用筷头蘸一小点儿放进嘴里，只觉辣中带香，香中带辣，拿来下饭，简直让人欲罢不能。

　　小军告诉我们，抖辣子是安仁最经典的一道菜肴。在安仁，家家户户都制作抖辣子，可谓是午无抖辣子不饱，晚无抖辣子不安。

　　制作安仁抖辣子，有三种方法。三种方法都需要焦巴和抖杵。

　　第一种方法，选取安仁本地土辣椒或者青红辣椒。不怕辣的可以选择颜色深的老辣椒。把辣椒去蒂洗净沥干，锅里放少量油，翻炒辣椒，等辣椒变成焦白色，盛起来放进焦巴，用抖杵杵碎，然后加盐、味精、皮蛋、豆油、葱花、肉末。当然，配料里面爱吃什么就放什么，可以加小鱼干，也可以加芸豆、茄子等。

第二种方法，如上同样选取土辣椒，不同的是用开水烫辣椒，把辣椒烫得遍体通透，也不能烫得太软溜，然后取出来沥水，放进焦巴杵碎。

第三种方法，是用柴火焙辣椒。锅里不放油，把辣椒放进锅里细火焙香焙软，拿出来杵碎。

小时候，父亲最喜欢吃烧辣椒。每次蒸饭的时候，灶膛还有底火，父亲就抓一把青红辣椒埋在火堆里，三五分钟后取出来，洗洗干净，放在碗里，用擀面杖的一端不停地杵，把辣椒杵碎，然后放葱花，淋几滴香油，下饭又开胃。父亲的这种做法，没有正规的菜名，但做法上与抖辣子相似。

每年秋天，我家菜园里辣椒多得吃不完，等辣椒变红，母亲就把红辣椒摘回来，放在锅里焙出辣椒香，然后放在太阳下曝晒。冬天烧肉烧鱼放一些焙辣椒，特别提味。

吃完安仁抖辣子，我浑身冒汗。小军告诉我，他们家每次做抖辣子，他和小艳都吃得欢。最后扫盘，两个人都要抢着拌饭吃。

我让小艳帮我买一些抖辣子，等回家带给父亲，父亲喜欢吃辣椒，品尝完安仁抖辣子，肯定会赞不绝口。

寻味湖南

柴火人家
地址　郴州市北湖区郴江街
　　　道堆上路华尔星城旁
电话　18975554444

风味独特好储存

七甲腊肉

　　一大帮同学，泡完温泉，又去东江湖。我们从小东江出发，然后坐东江湖游艇到百龙峡，最后到兜率岩。

　　跑了一天折回市区，也不算太累。一位同学提议去华尔星城附近的柴火人家吃饭。到了柴火人家，闻到柴火的焦香味，人立马就精神了。点菜吃饭，一大锅腊肉饭，喷香欲出，看着就想吃它两大海碗。但最美味可口的还是那盘蒜薹炒七甲腊肉。

　　柴火人家的服务员告诉我们七甲腊肉是湖南郴州的特产，腊肉在每年的冬季腌制，再经过炭火烘烤或者阳光曝晒加工而成。做腊肉要选择新鲜的猪肋条肉，去骨后切成条形肉，温水洗净沥干水分。酱油、白糖、硝酸钠、精盐、高粱酒混合均匀，把条形肉放进去浸泡八九个小时，然后挂在烘房内，加炭火烘两三天，烘干表面烘出油来。如果没有烘房，可以放在太阳下曝晒，晒干表面晒出油来。

　　制作好的七甲腊肉，可以存放很长时间。吃的时候用刀割一块，把腊肉洗干净放在蒸碗里，放八角、葱段、姜片、适量黄酒、清水，大火蒸三四十分钟，然后取出来切成薄片，炒蕨菜、蒜薹或竹笋，都余味悠长。对于特别咸的腊肉，还需要浸泡，浸泡过程中换几次水，口感没有那么咸了，再加以蒸制。

　　听了服务员的讲解，我才明白七甲腊肉的精华所在。选材很重要，一定要选猪肋条肉。还有就是肉腌好，不是风干，而是直接炭火烘烤或者太阳曝晒。

　　暗红盈香的七甲腊肉配着青绿的蒜薹，很快见了盘底。

　　七甲腊肉风味独特，吃完以后我又托朋友帮我弄了几块七甲腊肉带回家。

吃在潇湘第一城

永州·怀化

　　一把伞撑开是风景，收拢是心情。荷花夏送湘江水，宁远肉飘香十里堤。舌尖上的永州，味蕾中的怀化，在街头巷尾就可以大饱口福。

行住玩购样样通 >>>>>

行在永州·怀化

如何到达

飞机

永州零陵机场位于永州市岚角山镇。

芷江机场距怀化市 31 千米。

火车

永州的火车站有永州站、零陵站和永州东站。

怀化有怀化火车站和怀化南站两个火车站，怀化南站为高铁站。

汽车

永州市的长途汽车站有汽车北站、汽车西站、汽车南站等。

怀化市的长途汽车站有汽车西站、汽车东站和汽车新南站等。

市内交通

公交

永州市公交车票价为 1 元。

怀化市公交车票价为 1 元。

出租车

永州的出租车白天起步价为 4 元，夜间起步价为 5 元。

怀化的出租车白天起步价为 4 元，夜间起步价为 5 元。

住在永州·怀化

甲壳虫酒店

地址　永州市冷水滩区长丰大道 18 号
电话　0746-8123123
价格　188 元起

酒店是永州第一家以汽车文化为主题的四星级酒店，距机场 15 分钟的车程，离永州火车站 20 分钟车程。酒店房间宽敞舒适，配备宽带网络接口和卫星电视。

明珠大酒店

地址　怀化市鹤城区河西新区舞阳大道 8 号
电话　0745-2318888
价格　138 元起

酒店距火车站 6 分钟车程，距长途汽车站约 7 分钟车程。酒店拥有行政套房、商务套房等各类客房，中央空调、卫星电视、宽带网等设施一应俱全。

玩在永州·怀化

九嶷山

地址 永州市宁远县城南 30 千米
门票 40 元

九嶷山上古木参天，云雾缭绕，斑竹丛生，清泉飞溅；山中飞禽鸣啼，走兽出没；山下吊楼幢幢，林木掩映。

中国人民抗日战争胜利受降纪念馆

地址 怀化市芷江侗族自治县七里桥
　　 村 320 国道旁
门票 免费

纪念馆主要建筑有受降纪念坊、受降会场等。其中受降纪念坊被誉为"中国凯旋门"，上面镌刻着蒋介石、李宗仁、何应钦等国民党军政要人的题词。

购在永州·怀化

祁阳茶油

店名 迎春购物中心
地址 永州市祁阳县浯溪镇平安路
　　 27 号
电话 15226345938
价格 19.80 元/盒（450 克）

祁阳县素有湘南"天然油库"之美称，是湖南省茶油主产区之一。茶油营养丰富。

藕心香糖

店名 汇丰购物中心（河西店）
地址 怀化市芷江侗族自治县前进路
　　 164 号附近
价格 13.5 元/斤

藕心香糖，又叫"薄荷酥"，主要原料有白糖、植物油、奶油、薄荷，经过独特工艺制作而成，白如玉，松酥香甜。

开启永州·怀化美食之旅 >>>>>

桂林酒店（珠山医院东北）

地址　永州市零陵区珠山医院旁

电话　0746-6551340

芙蓉鲫鱼

肉嫩汤鲜，入口即溶

对于鲫鱼，我一点儿都不陌生。以前经常和姑妈一起去菜市场买菜，姑妈把鲫鱼买回家放在水池里随吃随杀，她说吃鲫鱼要吃鲜。

姑妈正给我讲她年轻时去河沟里逮鱼的故事，表姐表姐夫回来了，说是别人送了几张博物馆的票，要带我们去博物馆参观展览。文兄太忙去不了，姑妈年迈也不想去凑热闹，表姐表姐夫带上我，还有表姐夫的侄子侄女，我们五个人去了博物馆。

参观完展览，表姐夫先带我们到桂林酒店，自己又开车回去接姑妈过来一起吃饭。姑妈很喜欢这里，特别爱吃这家厨师做的芙蓉鲫鱼。

芙蓉鲫鱼肉质鲜嫩，入口即溶，老少皆宜，是湖南的一大名菜。

姑妈告诉我，永州厨师制作芙蓉鲫鱼手法特别。首先把鲫鱼洗干净，斜切下鱼头和鱼尾，用一个大盘把鱼的三个部分装入，加绍酒、葱、姜，上笼蒸 10 分钟取出来，头尾和汤汁不动，用小刀把鱼肉剔下来。打几个鸡蛋取出蛋清，蛋清打散，加鱼肉、鱼肉原汤汁、鸡汤、盐、味精、胡椒粉等搅拌均匀，将一半装进汤碗，上笼蒸半熟取出来，另一半倒在上面，同时把鱼头鱼尾摆盘上笼蒸熟。然后在表面撒上火腿末、葱花、胡萝卜丁，淋适量香油即可。

听姑妈讲述完芙蓉鲫鱼的制作过程，我舀一碗芙蓉鲫鱼大口地吃起来，一碗吃完，我啧啧称赞，鸡汤加鱼汤，肉嫩汤鲜，味道确实好。我太爱这道美食了。

在老家，鲫鱼一般都是煎烧或清蒸。这次我回家，一定要学着做芙蓉鲫鱼，这道菜美味又营养，很适合老人和孩子。

留一手饭店

地址 永州市宁远县重华南路
232 号
电话 18692682816

滋味鲜美吃不厌

宁远肉馅豆腐

　　周日，文兄的朋友请我们去九嶷山国家森林公园游玩。一行人，先去了舜帝陵园，又去了舜源峰，然后去了斑竹园。

　　从九嶷山下来，文兄的朋友带我们来到留一手饭店。刚一听这个饭店的名字，我觉得很好笑，可是又莫名地喜欢，虽然还没吃上一口饭菜，但却对它产生了好感。

　　在留一手饭店，文兄的朋友为我们点了一道湖南永州的特色美食宁远肉馅豆腐。夹一块宁远肉馅豆腐，一口咬下去，只觉得松脆可口，味道鲜美，肥而不腻，香味醇厚。文兄的朋友告诉我们，关于宁远肉馅豆腐还有一个典故。相传九嶷山下的一户人家，兄弟二人不和，因此外出谋生，一个向南一个向北，但他们都非常孝顺自己的母亲，每年的除夕都要回家和母亲一起吃年夜饭。这一年，兄弟二人回到家，哥哥买了猪肉，弟弟带回了油炸豆腐。心灵手巧的母亲就把肉和豆腐做成了美味可口的肉馅豆腐。团年宴上，兄弟二人都觉得这道菜特别有创意特别美味。这时候，母亲说话了，她告诉兄弟

156

两个人要像肉馅豆腐一样团结友爱，这样才能有大的作为。兄弟俩听了母亲的话，悟出了道理，从此两人团结一致，事业兴旺发达，一家人和和睦睦。吃宁远肉馅豆腐，一边品味美食，一边学习饮食文化，受益匪浅。

肉馅豆腐制作讲究。首先把水豆腐用茶油炸成桃子一般大小匀称、有韧性、中间空心、金黄油亮的豆腐泡。然后，准备八成瘦肉二成肥肉剁成肉末，葱、蒜白、红辣椒剁碎，荸荠去皮剁碎，加盐、淀粉拌匀做成馅。然后，把馅包进豆腐泡里，把豆腐撑得圆滚滚的。吃的时候，把包了肉馅的豆腐放到锅里大火煮，豆腐表皮煮起一层层皱纹，汤汁快收干时，放入豆豉水和芡粉，出锅。

听文兄的朋友讲解完肉馅豆腐的制作过程，我也特别想自己回家试着做一做。

邻家饭店

地址 永州市零陵区南津中
路 12 号

电话 15116573736

好吃得口水直流

酸辣椒炒牛肉

　　酸辣椒炒牛肉是湘西人的一道家常菜，酸辣鲜香，开胃下饭。表姐夫的妈妈的拿手好菜之一就是酸辣椒炒牛肉。表姐第一次去表姐夫家，就爱上了表姐夫妈妈做的酸辣椒炒牛肉。

　　表姐表姐夫结婚十周年纪念日，表姐夫请大家到邻家饭店吃饭。饭菜特别丰盛，当然也少不了表姐特别爱吃的酸辣椒炒牛肉。

　　制作酸辣椒，首先把辣椒洗净晾晒，晒干水分去蒂，然后放进坛子里，加纯净水、湖南米酒、盐，用保鲜袋封口，盖上坛盖。过四五天辣椒变色，就可以吃了。再过一段时间，辣椒变成姜黄色，里面充满酸水，肉质酸脆，放在坛子里随吃随取，不要沾生水，可以保存三个月之久。

　　酸辣椒制作得好不好，直接决定酸辣椒炒牛肉这道菜的口味。这道菜中，酸辣椒不是配料，是主菜。酸辣椒和牛肉在一起搭配是绝配，可以去除牛肉自身的油腻。

　　制作酸辣椒炒牛肉，首先把牛里脊切片，酸辣椒斜切成段。锅里放油，爆香生姜、葱白、花椒、桂皮、青红辣椒，牛肉片下锅炒，炒到快干的时候加料酒，下酸辣椒，翻炒，加盐，炒出香味出锅。

一道很简单的酸辣椒炒牛肉令我垂涎欲滴。没有胃口的时候，来一盘酸辣椒炒牛肉，立刻食欲大振。

表姐说，永州这边家家户户都会自己制作酸辣椒。吃不完的鲜辣椒不易存放，制作成酸辣椒，方便保存不说，有客从远方来，做一盘酸辣椒炒牛肉或者酸辣椒炒鸡丁、酸辣椒蒸鱼头，又酸又辣，美味可口。

吃饭皇帝大厨房

地址 怀化市鹤城区迎丰西
路通程商业广场 5 楼

电话 0745-2225670

苦瓜炒腊肉

教人回味无穷

　　来怀化第一站就是去地笋苗寨。地笋苗寨地处偏远山区，是著名的怀化古村，湖南卫视《爸爸去哪儿第二季》第三期就是在这里拍摄的。

　　领略完苗寨风情，同事请我们到吃饭皇帝大厨房吃饭。饭菜上来，满桌子的美味佳肴中，一盘红绿相间、腊香味浓重的苦瓜炒腊肉竟然很受大家的欢迎。苦瓜味苦清热祛暑、解劳清心，估计大家唱歌都唱得口干舌燥了。

　　苦瓜炒腊肉并不少见，但吃饭皇帝大厨房的这道苦瓜炒腊肉吃起来味道独特。我们叫来服务员一问，才知这道菜是吃饭皇帝大厨房的招牌菜之一。服务员告诉我们苦瓜炒腊肉是湖南的传统汉族名菜。制作这道菜前，首先把腊肉上笼蒸软切片。苦瓜去籽洗净切片。锅里加油，爆香葱花、姜丝、蒜末放腊肉，翻炒出香味，加料酒，加苦瓜片，继续翻炒，把苦瓜片炒软，加少许高汤、胡椒粉、盐、味精，炒至只剩少许汤汁时，勾生粉出锅。

　　做这道菜的时候要注意两点。第一，苦瓜味苦，很多人喜欢把苦瓜放到水里泡一泡或者出水去苦，其实苦瓜吃在嘴里是先苦后甘，去苦后苦瓜味淡薄，反而吃不出它本身的清香。第二，腊肉切片用温水泡过之后，营养会流失，所以一般采用先上笼蒸软再切片的办法，前提是腊肉不太咸，太咸的腊肉还是得泡。

听了服务员的一席话，方知苦瓜炒腊肉的制作妙招。苦瓜性寒，营养价值高，有消炎退热、降脂减肥的功用，足以弥补腊肉味道好又高脂肪低营养的不足。服务员还告诉我，咽喉不好的人要多吃苦瓜。苦瓜炒蛋、苦瓜炒瘦肉也很营养美味。

一道看似很平常的菜，经过心灵手巧的人的烹制，会像变戏法一般抓住你的胃。

临了，服务员又告诉我，如果害怕苦瓜特别苦的话，可以把苦瓜切片用盐腌两分钟，就不那么苦了。

吃过无数次苦瓜，只有这一次在怀化吃的苦瓜炒腊肉最有风味。苦瓜炒腊肉，营养美味，既下饭又下酒，令人回味无穷，等回家一定要做给家人尝尝。

寻味湖南

辰溪特色米粉

地址　怀化市鹤城区人民北路
　　　万象城对面建设银行旁
电话　18575455535

酸酸爽爽好味道

酸辣湖南粉

　　几个同学采风回来，又去电影院看了一场电影。从电影院出来，已经是晚上9点了。如此美丽的夜晚，打车回酒店实在有些可惜，大家不约而同想要走一走吹吹风。车水马龙的街道飘来美食的香味，让消食的路人也心生想吃的冲动。

　　虎子说有些饿了，于是大家到辰溪特色米粉店吃宵夜，一人点了一大碗酸辣湖南粉。

　　不多时，满满一大碗香味四溢的酸辣湖南粉摆在我们面前，大家挥动筷子快速地吃起来，特别香，特别酸，特别爽。

　　酸辣湖南粉是湖南传统的汉族小吃，酸酸爽爽很美味。制作酸辣湖南粉，首先把瘦猪肉煮熟切成细丝，冬菇泡软切丝，竹笋切丝，青菜煮熟过凉水。沙河粉切成一厘米宽条状。油锅烧热，爆香豆瓣酱、葱花，加上汤、酱油煮沸，加盐，放肉丝、冬菇丝、竹笋丝、青菜，煮沸后下沙河粉大火煮沸，淋香醋、香油，盛到大碗中，撒点胡椒粉即可。

制作酸辣湖南粉，首先要保证上汤的味道鲜香浓醇，其次是沙河粉的口感。制作沙河粉，就是把黏米粉和绿豆淀粉加水混合搅拌均匀，然后静放一个小时，让米粉充分吸水。蒸锅加水，大火烧开，蒸锅里面放一个八寸大的烤盘，舀一勺米浆到烤盘，左右摇晃均匀，厚薄适度，蒸出粉皮，连盘子一起端出来。水龙头拧到最小，流水冲蒸盘，浸透粉皮后，轻轻从盘子边缘揭下粉皮，两边刷一些食用油。至于粉汤里的配菜，可以根据自己的口味灵活地变换或者增减。

关于粉，老家的早餐店也有。不过因为吃粉的人不多，所以店主准备的粉也数量有限。想吃粉，要赶早。

等回家，我要亲手做一次酸辣湖南粉。汤菜配料肯定没问题，关键是沙河粉的制作，估计还是有难度的。

虽然做的可能还达不到怀化当地酸辣湖南粉的水平，但万变不离其宗，无论怎样做，爽脆可口的味道是错不了的。

寻味湖南

老五土菜馆

地址　怀化市溆浦县卢峰镇城南
　　　防洪大堤溆水南路 298 号
电话　0745-3222098

味美汤鲜特开胃

苗家酸汤鱼

　　从小就知道向警予的故事，来怀化的火车上，就打算去向警予纪念馆
看看。

　　向警予纪念馆位于怀化市溆浦县，我参观完纪念馆，就和同学们来到老
五土菜馆吃饭。一大桌美味可口的菜中，大家对那道苗家酸汤鱼评价很高。
苗家酸汤鱼是苗族的特色美食，味美汤鲜，深受人们的欢迎。

　　制作苗家酸汤鱼有两种方法。第一种方法，要用到苗家鱼酱。苗家鱼酱
具有酸、辣、甜、咸、香的特殊风味，用苗家鱼酱制作酸汤鱼，味道独特，
香飘十里。制作苗家鱼酱，要用到扇子鱼，这种鱼生活在小溪中。首先把小
鱼洗净放进坛子里，加适量酒和盐浸泡，然后把辣椒碾成酱，加入适量姜、
花椒、菌香粉装进泡鱼坛内拌匀，再加适量酒、盐，封存腌制，一个月后可
以食用。

　　有了苗家鱼酱，制作苗家酸汤鱼事半功倍。酸汤鱼中所用的鱼为鲤鱼，
鲤鱼提前切块，用酱油、酒、盐、花椒粉、茴香粉、葱、姜腌十分钟。开火

锅里下油，把鱼酱、山椒、姜、蒜、香菜炒熟炒香，然后加水煮沸。腌制好的鲤鱼块放进锅里煮熟即可食用。切记鱼块不能煮太长时间，煮的时间过长，鱼肉过老，吃起来就不鲜嫩可口了。

第二种方法可以不用鱼酱，只需要用苗族自制的酸汤来煮鱼。酸汤就是把清米汤发酵，有酸甜口味。具体做法就是将少量的面粉和淘米水调匀，放在锅里文火加温不断搅匀，快沸腾时倒进土坛中并盖好坛口，过四至六天，发酵变酸即成酸汤。酸汤是一种极好的调味品。煮酸汤鱼时，把切好的鲤鱼块放进煮沸的酸汤里，煮熟起锅前加葱段、姜片、盐、生花椒、鱼香菜，五分钟后把煮熟的鱼夹进菜钵，剔去鱼刺，再把胡椒面、葱花、盐、蒜泥、番茄酱调匀，倒入鱼肉拌匀。这种方法制作的鱼肉鲜香细嫩麻辣酸香，风味独特，营养丰富。怎么样，很简单吧。以后做饭，淘米水别再随便倒掉了，它能发酵成酸汤，制作美味可口的酸汤鱼。这可是我来怀化的一个重大收获。

来怀化，苗家酸鱼汤是绝对不能错过的美食。

湘西土家族
苗族自治州

辣椒当盐，酸菜当饭

辣椒当盐，酸菜当饭，热情好客的土家人静待你的到来。
而你，我亲爱的朋友，可曾嗅到泥鳅拱豆腐的醇香？

行住玩购样样通 >>>>>

行在湘西土家族苗族自治州

如何到达

飞机

湘西土家族苗族自治州境内暂时没有飞机场，周边地区有张家界荷花机场、常德桃花源机场、铜仁凤凰机场。

火车

吉首火车站位于吉首市人民北路。很多列车不直达吉首，一般需要乘坐飞机或火车到长沙，再从长沙转车到吉首。

汽车

吉首市乾州汽车总站是湘西最大的客运站，其次还有吉首汽车北站、吉首汽车西站。

市内交通

公交

吉首市普通公交车票价为 1.5 元，空调车票价为 2 元。

出租车

吉首市出租车起步价为 5 元。

住在湘西土家族苗族自治州

花恒悠然居游多多客栈

地址　湘西土家族苗族自治州花垣县
　　　边城镇老码头旁
电话　0743-7612666
价格　328 元起

客栈位于边城镇老码头旁，是一个集住宿、餐饮、品茗、娱乐于一体的高端私人客栈。客栈周围有古城墙遗址、中国边城等景区，环境清幽，出游便利。

天泉客栈（永顺芙蓉镇惠然楼店）

地址　湘西土家族苗族自治州永顺县
　　　芙蓉镇商合街 241 号
电话　18513191301
价格　168 元起

客栈位于芙蓉镇景区，有休闲阳台、茶室、书房、厨房、餐厅、洗衣房等配套设施。

玩在湘西土家族苗族自治州

凤凰古城

地址　湘西土家族苗族自治州凤凰县

门票　120 元起

　　凤凰古城是国家历史文化名城，国家 AAAA 级景区，曾被新西兰著名作家路易·艾黎称赞为中国最美丽的小城，风景秀丽，历史悠久，名胜古迹很多。

德夯大峡谷

地址　湘西土家族苗族自治州吉首市德夯

门票　100 元

　　景区内溪流纵横，峡谷深壑，瀑布飞泻，群峰竞秀，古木奇花，珍禽异兽，苗族风景，皆在其中。流沙瀑布、玉泉门峡谷、天险盘古峰，无不令人叹为观止！

购在湘西土家族苗族自治州

湘西黄金茶

店名　迁陵镇百货大楼

地址　湘西土家族苗族自治州保靖县建新路与政兴路交叉口西南 50 米

价格　288 元 / 盒（250 克）

　　湘西黄金茶是湘西保靖县古老、珍稀的地方茶树品种资源，具有"香、绿、爽、浓"的品质特点。

乾州板鸭

店名　吉首市各大超市

价格　35 元 / 只

　　乾州板鸭为吉首著名传统特产，早在清代就远销日本及东南亚。乾州板鸭制作精良，色泽金黄，肉质细腻，味香可口。

开启湘西土家族苗族自治州
美食之旅 >>>>>

寻味湖南

七号菜馆

地址　湘西土家族苗族自治州吉
　　　首市步步高新天地三楼
电话　0743-8699697

泥鳅拱豆腐

汤鲜味美，堪称一绝

　　同学毕业二十五周年聚会，我们相约在湘西土家族苗族自治州。聚会当天，大家从天南海北来到吉首市，见面彼此寒暄之后，到七号菜馆吃饭。

　　在七号菜馆，大家品尝到了湘西的一种特色美食泥鳅拱豆腐。泥鳅拱豆腐是一道民间传统风味菜，具有浓郁的乡土气息。饭桌上，大家对这道泥鳅拱豆腐赞不绝口。盛满美味浓汤的汤锅中，泥鳅钻进白白的豆腐里面，形态万千，十分有趣，一眼看去简直就是一件完美的艺术品。吃完只觉汤鲜味美，细嫩可口。

　　湘西的同学告诉我们，泥鳅拱豆腐做法简单。土家人把泥鳅从水沟里抓回来，放到清水里喂养几天，每天换水，每天往水里加鲜姜末，五六天之后，泥鳅把肚子里的污物吐尽便可以冷煮了。所谓冷煮，就是冷锅里淋冷茶油，放冷豆腐，加大半锅冷水，放干红辣椒、姜丝、香油、五香草、盐，盖上锅盖，小火煮，有文火煮青蛙的感觉。随着水温升高，求生的本能令泥鳅开始疯狂地往凉快的豆腐里面钻拱，然后沉浸在白嫩鲜美的豆腐中不再动弹。这时候，改大火烧炖，等拱进豆腐中的泥鳅煮烂了，放上葱白、香菜、酱油、醋、胡椒粉调味出锅。好一道酸、辣、鲜、香、嫩的泥鳅拱豆腐，简直堪称一绝。

泥鳅拱豆腐是苗族土家宴席上的压轴菜。泥鳅的蛋白质、钙、脂肪、磷及维生素的含量很高，且泥鳅味甘性平，具有补中益气、祛湿止泻、暖脾胃、止虚汗等功效。豆腐蛋白质含量高，而脂肪酸含量低，有辅助降血压、降血脂、降胆固醇等功效。泥鳅豆腐同烹，更具进补和食疗的功用。

关于泥鳅拱豆腐，来湘西之前，曾听文兄说过一回。但因为我小时候吃泥鳅吃得多，也不特别馋嘴，所以听过之后一笑了之。来湘西之后，我目睹了泥鳅拱豆腐，也亲自品尝了这道美味，真是让人印象深刻。

农家小炒肉餐馆

地址 湘西土家族苗族自治州吉首市吉首大学医院斜对面

电话 15080895778

鲜香诱人很下饭

湘西小炒肉

在吉首，我们几个人逛了乾州古城。

从古城出来，又到了吃饭时间，我们来到农家小炒肉餐馆。我们点的湘西小炒肉不一会儿就上来了，色泽诱人。这道菜同学们都爱吃。湘西的同学告诉我们，小炒肉的主料要选层次分明的五花肉，超市里的精品五花肉最好。五花肉买回来，切成薄片，放热水里焯一下去腥，沥干水分，用淀粉或松肉粉腌五分钟。葱、姜、蒜准备好，杭椒切菱形。锅里下油，煸五花肉，大火煸出油，五花肉两面焦黄时放老抽着色，着色均匀后盛出来沥油备用。锅里放油，爆香豆瓣酱、豆豉、干红椒、葱、姜、蒜、杭椒，加盐、味精、料酒、蚝油、白糖、生抽、老抽，大火翻炒一分钟，加入煸好的肉片，翻炒起锅。

这是一道味道浓郁的菜，辣得过瘾，辣得开胃，同时又鲜香诱人，让人欲罢不能。特别是加一些小炒肉的菜汤在米饭里，用筷子搅拌均匀，一粒粒饭香中带辣，辣中浸着香，那味道简直妙不可言。

小时候，妈妈经常做小炒肉，但她做的小炒肉里面，基本不加豆瓣酱和豆豉。小炒肉里面加一些豆瓣酱和豆豉，除了肉的色泽好，香味也更浓烈。

之前我不太会做菜，每次炒肉总是把肥肉瘦肉分开来炒。文兄却告诉我肉有肥有瘦，炒起来才好吃，全是肥肉太油腻了，全是瘦肉嚼着又不香。从那以后，我才开始学着炒五花肉，炒出菜来确实好吃太多。

都说吃饱不想家。给我再来半碗米饭，拌着小炒肉盘底的汤汁吃到饱。

万木斋

| 地址 | 湘西土家族苗族自治州凤凰 |
| 县凤凰古城虹桥中路 116 号 |
| 电话 | 0743-3221589 |

苗家酸鱼

下酒下饭余香无穷

来湘西，一定要到凤凰古城看一看。我们一行人来到凤凰古城，首先来到老城区，从北门城楼出发，沿着城墙，经过杨家祠堂，来到东门，走过青石板街道，逛一逛东正街，游览了沈从文故居。一路步行，领略无限风光，累并快乐着。

天黑了，朋友推荐我们到万木斋吃饭。在万木斋，我们吃到了湘西最有特色的苗家酸鱼。

服务员把苗家酸鱼端上桌，只见两面煎得金黄的酸鱼，在辣椒的装点下，散发着又香又酸的味道。我拿起筷子尝一尝，只觉鱼的肉质细嫩，酸中带辣，辣中含酸，可口又美味。

服务员告诉我们，苗家人有稻田养鱼的习惯，每年清明节后梯田里注满水放养鲤鱼，等秋天稻子熟了，鱼也又大又肥了。

苗家酸鱼做法讲究，做酸鱼多用一斤左右的鲤鱼。鲤鱼一定要新鲜，鲤鱼杀死之后，不过水，内脏掏干净，撒盐、花椒，放在木桶里腌三四天后取出，在鱼肚里放一把小米或者糯米，然后把鱼肚合上，整条鱼放进在太阳下曝晒过的坛子里。等所有的鱼都放进去，一层层叠放结实，密封坛子。夏天密封一周，冬天密封一个月。发酵好的鱼色泽暗红，酸香诱人。这样做出来的酸鱼，主人平常都舍不得吃，只有贵客来临，才肯拿出来招待客人。

酸鱼的吃法有几种，可以拿出来直接吃，也可以炒着吃。炒酸鱼的时候，要微火两面煎黄，放上鲜辣椒或者干辣椒。此外，酸鱼还可以拿来炖汤。

服务员还告诉我们，苗家人喜欢吃酸，除了因为酸食能防病治病，还因为腌制品存放的时间特别长。过去苗区交通不便，上街买菜极不便利，苗家人吃不上盐，就以酸辣代替。苗家人年年在稻田里放鲤鱼，金秋时节，粮鱼双丰收，粮食收回家后，家家户户忙着腌酸鱼。腌好的酸鱼可以存放一两年之久，时间越长，风味越独特。

苗家酸鱼，色香味俱佳，下酒下饭余香无穷。

俊子饭店

地址　湘西土家族苗族自治州凤
　　　凰县南门街永丰桥 9 号

电话　15897436850

米豆腐

嫩滑酸辣，食之爽口

　　同学聚会的第二天，我们坐船从凤凰北门城楼码头出发，顺流而下，过沱江的虹桥来到万寿宫。一路上风景无限，吊脚楼林立，梦里水乡令人沉醉。

　　我们徜徉在这如歌如梦、如诗如画的小城里，为生活奔波的忙碌早已抛在脑后，旅途的疲惫一扫而空。正午湘西的同学安排我们到俊子饭店吃饭。

　　男男女女的同学情绪高涨，饭桌上品尝美食的时候，时不时还要即兴来几句湘西歌谣，一个个快乐无比。正在尽兴之时，凉拌米豆腐端上了桌，大家瞬间被色泽润绿明亮的米豆腐所吸引。我轻轻夹起一块米豆腐放进嘴巴，任米豆腐从舌尖滑到舌根再滑进咽喉，不觉酸辣凉嫩、细滑香醇，感觉特别舒服凉爽。

　　米豆腐是湘西人很喜欢的小吃。街头巷尾，有很多卖米豆腐的摊。炎炎夏日，走累了，渴了，来一碗米豆腐，解暑又解渴。

　　制作米豆腐，首先将米和黄豆洗净，浸泡一天，然后把米和着水磨成米浆，黄豆和着水磨成豆浆。把两种浆水倒进同一个铁锅，加入石灰水，大火煮到起边转小火，边煮边搅动，煮熟后变成糊糊，倒进盆子里，冷却就成米豆腐了。近年来，也有人用玉米做米豆腐，玉米做出来的米豆腐色泽亮黄，口感也不错。

时令不同，湘西米豆腐的吃法也有所不同。夏季一般凉拌，葱花、姜末、蒜泥是必不可少的，另外辣椒粉、山胡椒油、醋、酸菜、味精、油炸花生等可根据个人喜好添加。天气寒凉时多将米豆腐在温水中烫热，然后加酱油、葱花、蒜泥、榨菜丁、陈醋、辣椒油、木耳肉丝等拌着吃。除此之外，米豆腐还可以炒着吃，炒的时候下一些豆瓣酱，出锅加花椒粉，味道独特。

米豆腐能预防和治疗便秘，清热解暑，是一道不容错过的美食。

老街老厨

地址	湘西土家族苗族自治州凤凰县永丰桥6号
电话	13974326116

苗家酸萝卜

脆爽酸辣，令人回味

同学聚会第三天，湘西的同学带我们游览了苗疆长城。苗疆长城又称南长城，位于湖南省凤凰县。

游完南长城，同学带我们到老街老厨吃饭。在老街老厨，我们吃到了湘西著名的风味小吃苗家酸萝卜。大家喝酒聊天，吃着脆爽酸辣的苗家酸萝卜，觉得生活惬意又满足。我夹一块酸萝卜放进嘴巴，口感爽脆，蘸辣椒汁吃辣中带酸，酸中又透着甜。

同学告诉我们，他妈妈每年冬天都做酸萝卜。做酸萝卜，选用冬天的萝卜比较好吃，红皮萝卜最好。泡酸萝卜的时候，首先把红萝卜洗净沥干，不能带生水，切片，不用去皮，带皮吃更加脆爽。米汤里放花椒，把切好的萝卜放进去，泡一两天便可食用，只是泡一两天的酸萝卜口感稍生，多泡几天，吃起来才脆爽酸辣，又微微透着甜味。用红萝卜做的酸萝卜颜色很红，看起来特别漂亮。当然，第一坛酸萝卜泡好之后，第二坛酸萝卜制作起来就更简单了。如果不用米汤，也可以把清水放在锅里加糖、花椒煮开，放得微微热，加几勺第一坛酸萝卜里的酸汤，酸汤里面有酸萝卜发酵时产生的大量的乳酸菌。花椒水不能太烫，太烫会把乳酸菌杀死。然后，把萝卜片放进去，封坛。坛盖外面放盐，倒满水，过几天酸萝卜就可以食用了。

萝卜性寒，生吃过多会辣得烧心。经过腌制，发酵时产生大量的乳酸菌，能有效地分解辣味，保留原有的营养成分。

看得出，同学很喜欢吃酸萝卜，只见他夹起一块酸萝卜，在辣椒汁碗里打个滚，直蘸得酸萝卜通体辣椒流油，才夹起来放进嘴巴，嚼得嘎嘣响，那个美那个香啊，让人心生羡慕。

我姐姐喜欢吃泡酸萝卜丝，一个不大的玻璃瓶里装满切得细条形的萝卜丝，吃饭的时候夹一小碟，淋一勺辣椒油，营养开胃，下酒又下饭。

苗家酸萝卜，独一无二的脆脆爽爽，酸辣中透着甜味，颜色红得漂亮，每每想起，总是令人回味无穷。

沱江渔王

地址 湘西土家族苗族自治州凤
凰县南华门桥下水车旁边

电话 0743-3218858

色香味俱全

沱江小鱼

今天大家到沱江泛舟。沱江的水不深，每隔不远，水中就埋有跳石，方便两岸人们来来去去。我们从跳石不远的地方顺流而下，过了错落有致的吊脚楼，便看见沱江背后的青山。

古老的水车转个不停，浣衣女挤满河畔，蜂拥而至的游客忙着拍照，江面有很多游船，也有渔民。几只鱼鹰随着渔翁的号子一头扎进水里，不一会儿嘴巴衔着一条鱼扑棱棱地飞上船头。江水缓急交替，落差处，水流如泻，小小瀑布带来小小的心动。

沱江泛舟结束，我们来到沱江渔王用餐。餐桌上，美食无限，我独爱那一盘沱江小鱼。沱江小鱼就是渔民从沱江打捞上来的野生鱼。沱江小鱼摆放在餐桌上，小巧玲珑、肉质厚实的小鱼被煎炸得金黄焦嫩，游弋在青红椒丛中，散发着特有的鲜香。

同学告诉我，当地人炒菜，几乎所有的菜都要用上西红柿。油锅烧热，去皮西红柿切片炒香炒成泥盛起来备用，锅里放油，爆香葱段、蒜片、姜丝，下油炸沱江小鱼，翻炒，下西红柿泥、胡椒粉，加少许料酒，出锅。香中带辣、辣中浸着酸的沱江小鱼很受大家喜爱。

沱江小鱼的制作和老家炒小鱼的方法相似，只是老家炒小鱼不放西红柿，只是点少许米醋。

小时候放暑假，最喜欢和姐姐一起去河沟里逮小鱼。每次逮回来的小鱼，妈妈都拾掇干净，撒一些盐腌出水分，放在油锅里煎，很少油炸，因为油炸费油。有客人来或者哪天加餐，妈妈便把煎好的小鱼拿出来，加一些辣椒芹菜一炒，很美味。

沱江小鱼味道很好，明天去集市上看看，买一些干货带回去，营养而又美味的食物不容错过。

湘西食府

| 地址 | 湘西土家族苗族自治州凤凰县虹桥中路 18 号 |
| 电话 | 13574346488 |

血粑鸭

皮酥肉嫩，甜香可口

　　到凤凰县的第五天，大家来到老洞苗寨。老洞苗寨有 600 多年的历史，堪称"湘西第一古苗寨"。老洞苗寨是一座石头城，这里家家相通，户户相连，民风淳朴。

　　在苗寨逛了一天，临天黑，我们来到湘西食府吃饭。在湘西食府，我们吃到了凤凰的特产血粑鸭。大家围着餐桌，吃兴正浓，服务员把一盘血粑鸭端上来，只觉一股浓香直往鼻孔里钻。品尝过后，只觉得血粑清香糯柔，辣椒热辣火爆，鸭肉鲜美细嫩。

　　我问服务员这血粑鸭是怎么做的，服务员告诉我，湘西青山如黛绿水长流，湘西人家家户户都喜欢在河边放养鸭子。湘西的鸭子长年在河流里游，吃螺蛳河蚌和鱼虾水草，长得特别健壮，鸭肉细嫩鲜美。血粑鸭要用生长两个多月的小麻鸭。做血粑鸭，首先要准备上等糯米，提前把糯米洗净，放在清水里浸泡十二个小时，控水备用。把鸭血洒在浸泡好的糯米上，充分搅拌，使鸭血与米相互交融，凝固后上锅蒸熟。蒸熟后取出来放凉，切成小方块，放到油锅中炸得两面金黄捞出来沥油。鸭子脱毛洗净切块。锅里放油，爆香葱、蒜、姜、花椒，倒入鸭肉爆炒至发黄油亮，加八角、桂皮、香叶、湘西小米椒、腌酱脆椒翻炒一小会儿，加水淹没鸭块，大火煮沸后，把炸好的血粑放进去小煮，汤汁收得差不多时，加盐、味精起锅。

听完服务员的讲述，我心里不由得感叹，湘西饮食文化博大精深，做出来的食物让人为之惊叹。

都说，尝过血粑鸭的人就欲罢不能，吃了第一次，还想吃第二次、第三次。来凤凰，一定要吃血粑鸭。吃过这道美味的人，一辈子都为它魂牵梦绕。

寻味湖南

苗山民俗饭店

地址　湘西土家族苗族自治州凤
　　　凰县回龙阁古街 143 号

电话　18174301070

苗家酸肉

肉质细嫩，酸辣鲜香

今天大家去飞水谷游玩。在飞水谷，玩得最尽兴的就是拽着铁链逆流而上攀登飞水谷瀑布。

游完飞水谷，一行人返回凤凰县城，时间正值日中，大家一起到苗山民俗饭店用餐。满桌盛宴上，我们吃到了独具风味的传统菜肴苗家酸肉。苗家酸肉端上桌，我们马上被它焦红油亮的样子所吸引，用筷子夹起一片慢慢咀嚼，只觉得肉质细嫩、酸辣香鲜、味道浓醇。

同学告诉我们，酸肉是苗家人的最爱，一般都不舍得自己吃，只有贵客来才从坛子里拿出一块切成薄片，或煎或烤或焙或炒。只是酸肉味道特别酸，并不是所有人都吃得惯，所以新派酸肉加入甜味，口感酸中有甜。

制作酸肉的食材可以用五花肉，也可以用里脊肉、前胛肉、后座肉。腌肉时，先把肉洗干净切成长条或块，用盐和花椒粉腌三五天后取出来风干水分，然后将玉米粉（不用玉米粉也可以用糯米饭和酒糟）、盐、香料、辣椒面拌均匀，让肉块在里面打个滚，浑身裹满混合料。把裹满混合料的肉一层一层压好，放进坛子里密封，半个月后酸肉就做成了。

酸肉的吃法多样，像我们餐桌上的炒酸肉，是最平常的吃法。炒酸肉时，先把酸肉身上黏附的玉米粉或糯米饭扒下来放在一边备用，酸肉切成薄片，干红辣椒、青蒜、姜等准备齐全，炒锅放油，把酸肉、干红辣椒碎煸炒出香味，酸肉炒得冒油把锅底腾开，下玉米粉，把玉米粉炒成金黄色，再一起翻炒酸肉，加葱段、姜丝、翻炒，出锅前加少许糖。

炒酸肉时，放泡椒豆豉又独具特色。泡椒微辣去腥，加上泡椒发酵时产生的乳酸味，吃起来酸香爽口，胃口大开。

苗家酸肉制作不复杂，寒冬腊月制作一坛酸肉，保管得好，可以存放很长时间。在老家，一般只做酸萝卜、酸菜，酸肉几乎没有做过。

我回家一定要拣最好的五花肉制作一坛酸肉，适当地给家人换换口味。肥而不腻的酸肉，下酒下饭，相当不错。但是要注意，酸肉开坛后存放时间最长三个月，每次取完肉坛口还要保持密封状态，开坛后尽快食用。

苗家寨风味酒楼

| 地址 | 湘西土家族苗族自治州凤凰县凤凰北路 |
| 电话 | 15307430386 |

椒包糯米酸辣子

苗家待客的上乘佳肴

　　转眼已经在凤凰待了很多天了，今天是吃喝玩乐的最后一天，彼此间都有些不舍。大清早起床，同学们张罗着合影留念，先照班级合影，再分小组合影。整个上午，大家哭哭笑笑，再一次分别，不知道什么时候才能相聚。最后一顿饭安排在苗家寨风味酒楼，这一顿饭结束，大家就该起程各回各家了。

　　这是最后一顿饭，显得格外丰盛，其中有一道椒包糯米酸辣子让我觉得很奇特。拿起筷子，夹了一个椒包糯米酸辣子，轻轻咬一口，只觉得清香酸糯，别有一番风味。

　　椒包糯米酸辣子是湘西地方风味极浓的土菜。制作时，先把糯米碾成粉末，加盐、胡椒粉、辣椒粉搅拌均匀。挑选辣椒不要用极辣的杭椒或者米椒，用皮薄肉厚辣味少的菜椒，青红椒均可，当然红椒色泽鲜艳，成品相对更诱人一些。把辣椒去蒂洗净，切开半边，掏出辣椒籽，然后把搅拌好的糯米末填充在辣椒肚子里，裹紧。椒包糯米做好一个一个放进陶罐里，半个月以后就可以取出来油煎着食用。注意罐子里不能进生水，否则会腐烂变质。煎炸时，注意火候，避免炸煳。两面频繁翻动，直到辣椒肚子里的糯米末熟透，散发出糯米香味，即可食用。酸辣椒开胃去腥，糯米补中益气，健脾养胃。两者合一，壮气提神，营养丰富。

一顿饭吃完，大家挥泪道别。列车开动，携着对湘西美食的眷恋，带着同学们深深的祝愿，我们一个个又回到起点。

回到家，我仿照椒包糯米酸辣子的制作工序，自己做了一坛椒包糯米。不同的是，我在糯米末里面加了些许肉末，第一天做好，第二天就开吃。吃的时候，辣椒肚子里的糯米香融合肉末香，真是美味无比。一周之后，坛子里的椒包糯米就有酸辣子的味道了，放在油锅里煎炸，和湘西椒包糯米酸辣子的味道有些相似。

从凤凰回来，自家的餐桌上多了一道椒包糯米酸辣子，真是收获不小。